안양대HK+
동서교류문헌언어총서 03

라틴어 옛한글 사전
현대어 찾아보기

안양대학교 신학연구소
안양대HK+ 동서교류문헌언어총서 **03**
라틴어 옛한글 사전
현대어 찾아보기

초판인쇄 2022년 1월 20일
초판발행 2022년 1월 27일

엮은이 파리외방전교회
옮긴이 곽문석 · 김보름 · 김홍일

펴낸곳 동문연
등 록 제2107-000039호
전 화 02-705-1602
팩 스 02-705-1603
이메일 gimook@gmail.com
주 소 서울시 용산구 청파로 40, 1602호 (한강로3가, 삼구빌딩)
제작 디자인창공(T. 02-2272-5004)

값 20,000원 (*파본은 바꾸어 드립니다.)

ISBN 979-11-974166-6-8 (94700)
ISBN 979-11-974166-2-0 (세트)

- 이 저서는 2019년 대한민국 교육부와 한국연구재단의 HK+사업의 지원을 받아 수행된 연구임(NRF-2019S1A6A3A03058791).

안양대HK+
동서교류문헌언어총서
03

라틴어 옛한글 사전

현대어 찾아보기

파리외방전교회 엮음
곽문석 · 김보름 · 김홍일 번역 및 주해

동 문 연

발간에 즈음하여

안양대학교 신학대학 부설 신학연구소 소속의 인문한국플러스(HK+) 사업단은 소외·보호 분야의 동서교류문헌 연구를 2019년 5월 1일부터 수행하고 있다. 다시 말하여 그동안 소외되었던 연구 분야인 동서교류문헌을 집중적으로 연구하면서, 동시에 연구자들의 개별 전공 영역을 뛰어넘어 문학·역사·철학·종교를 아우르는 공동연구를 진행하고 있다. 서양 고대의 그리스어, 라틴어 문헌이 중세 시대에 시리아어, 중세 페르시아어, 아랍어로 어떻게 번역되었고, 이 번역이 한자문화권으로 어떻게 수용되었는지를 추적 조사하고 있다. 또한, 체계적으로 연구하기 위해서 동서교류문헌을 고대의 실크로드 시대(Sino Helenica), 중세의 몽골제국 시대(Pax Mogolica), 근대의 동아시아와 유럽(Sina Corea Europa)에서 활동한 예수회 전교 시대(Sinacopa Jesuitica)로 나누어서, 각각의 원천문헌으로 실크로드 여행기, 몽골제국 역사서, 명청시대 예수회 신부들의 저작과 번역들을 연구하고 있다. 이제 고전문헌학의 엄밀한 방법론에 기초하여 비판 정본을 확립하고 이를 바탕으로 번역·주해하는 등등의 연구 성과물을 순차적으로 그리고 지속적으로 총서로 출간하고자 한다.

본 사업단의 연구 성과물인 총서는 크게 세 가지 범위로 나누어 출간될 것이다. 첫째는 "동서교류문헌총서"이다. 동서교류문헌총서는 동서교류에 관련된 원전을 선정한 후 연구자들의 공동강독회와 콜로키움 등의 발표를 거친 다음 번역하고 주해한다. 그 과정에서 선정된 원전 및 사본들의 차이점을 비교 혹은 교감하고 지금까지의 연구에 있어서 잘못 이해된 것을 바로 잡으면서 번역작업을 진행하여 비판 정본과 번역본을 확립한다. 그런 다음 최종적으로 그 연구 성과물을 원문 대역 역주본으로 출간하는 것이다. 둘째는 "동서교류문헌언어총서"이다. 안양대 인문한국플러스 사업단은 1년에 두 차례 여름과 겨울 동안 소수언어학당을 집중적으로 운영하고 있다. 이 소수언어학당에서는 고대 서양 언어로 헬라어와 라틴어, 중동아시아 언어로 시리아어와 페르시아어, 중앙아시아 및 동아시아 언어로 차가타이어와 만주어와 몽골어를 강의하고 있는데, 이러한 소수언어 가운데 우리나라에 문법이나 강독본이 제대로 소개되어 있지 않은 언어들의 경우에는 강의하고 강독한 내용을 중점 정리하여 동서교류문헌언어총서로 출간할 것이다. 셋째는 "동서교류문헌연구총서"이다. 동서교류문헌연구총서는 동서교류문헌을 번역 및 주해하여 원문 역주본으로 출간하고, 우리나라에 잘 소개되지 않는 소수언어의 문법 체계나 배경 문화를 소개하는 과정에서 깊이 연구된 개별 저술들이나 논문들을 엮어 출간하려는 것이다. 이 본연의 연구 성과물을 통해서 동서교류의 과거·현재·미래를 가늠해 볼 수 있고 궁극적으로 '그들'과 '우리'를 상호 교차적으로 비교해 볼 수 있을 것이다.

안양대학교 신학연구소 인문한국플러스 사업단장

이은선

책머리에

『라틴어 옛한글 사전』은 1891년 홍콩에서 파리외방전교회 극동대표부에 의해 간행된 *Parvum Vocabularium Latino-Coreanum Ad Usum Studiosae Juventutis Coreanae*(이하 『라틴어 옛한글 사전』)를 에디션하고 역주한 것이다. 『라틴어 옛한글 사전』은 출판된 최초의 라틴어-한국어 사전으로, 총 9,310개의 라틴어 표제어와 한국어 대역어 및 용례가 제시되어 있다. 집필자는 명확하지 않으나, 파리외방전교회 전교사로 조선에 왔던 다블뤼(Marie Nicolas Antoine Daveluy, 1818-1866, 安敦伊) 주교 또는 한국인 방달지(方達智)가 편찬한 것으로 알려져 있다. 원제를 직역하면 "조선인 학생을 위한 라틴어-한국어 소사전"인데, 조선인 신학생들의 교육을 위한 실용적인 목적에서 만들어진 학습용 어휘집이라고 볼 수 있다. 1891년 파리외방전교회에서는 조선에 근대적 신학교(용산 신학교) 건물을 착공하는 등 신학생 교육을 위한 기반을 확대하고 있었다.

한문이나 한글 제목이 붙어 있지 않아 그동안 이 책은 "라선소자전(羅鮮小字典)", "라한소사전(羅韓小辭典)" 등으로 불렸다. 여기에서는 19세기 말의 한국어를 옛한글로 표기했다는 특징에 주목하여 "라틴어 옛한글 사전"이라고 이름을 붙였다. 이 사전의 현대적 의의가 라틴어 학습용이라는 본래의 용도보다는 중국 명·청대와 조선 후기에 이루어진 한문과 한글 서학서를 연구하는 데 있음을 직관적으로 알리기 위해서이다. 다른 자료와의 비교연구에 참고되도록 용어의 검색과 활용도를 높이는 데 중심에 두었기에 옛한글을 현대적 표기로 옮기고, 의미를 확인하여 한자를 병기하였으며, 19세기 라틴어-중국어 사전들과 『한불ᄌ뎐』

등 이전에 간행된 사전들을 참고하여 주석하였다.

구성과 특징

『라틴어 옛한글 사전』의 구성을 살펴보면, 표지 다음에 특별한 일러두기 없이 바로 본문이 시작된다. 총 9,310개의 표제어가 라틴어 알파벳 순서로 제시되고, 그에 대한 문법 사항과 한국어 대역어가 병기되어 있다. 그중 일부인 59개 표제어에는 용례와 그에 대한 대역어가 제시되었다. 표제어 A의 경우를 보자.

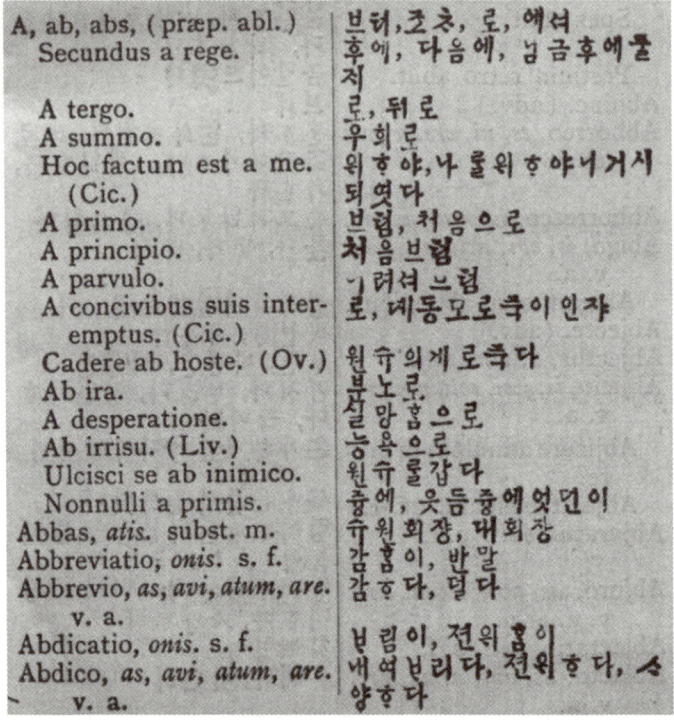

A, ab, abs, (praep. abl.) 브터, 조차, 로, 에셔

표제어, 부표제어, 품사, 결합 격, 한국어 대역어를 적었다. 부표제어는 뒤에 오는 단어의 첫 발음에 따라 a가 ab 혹은 abs로 사용될 수 있음을 표시한 것이다. praep.과 abl.은 문법적 설명으로, 품사가 전치사임과 탈격과 결합함을 보여준다. 그리고 표제어의 한국어 대역어 "브터, 조ᄎ, 로, 에셔"를 병렬하였다. 표제어 아래에는 라틴어 용례를 나열하고, 각 용례에 대한 한국어 대역어를 제시하였다. 전체 표제어 중에서 A에 대한 용례가 유독 많이 제시되어 있는데, 용례 옆에 "(Cic.)", "(Ov.)", "(Liv.)" 등으로 표기하여 용례의 출처가 키케로, 오비디우스, 리비우스의 저서임을 표기하였다.

표제어 중, 명사와 동사의 기술 예시와 특징은 다음과 같다.

Abdicatio, *onis.* s. f. 부림이, 견위홈이

명사는 1인칭 주격 단수를 표제어로 제시하고, 소유격과 품사와 성을 제시한 다음 한국어 대역어를 제시하였다. 1인칭 주격인 Abdicatio는 소유격이 Abdicationis이며, 품사는 실명사(s.)이고, 여성(f.)임을 알 수 있다.

Abdico, *as, avi, atum, are.* v. a. 내여 부리다, 견위ᄒ다, ᄉ양ᄒ다

동사는 1인칭 단수를 표제어로 제시하고, 다음으로 2인칭 단수를 기재하고, 이어 일인칭 단수 현재완료형과 과거분사형과 부정형(infinitivus)을 표기한다. 마지막으로 동사의 태(態)를 알려주는 정보, v. a.(verbum activum: 타동사), *v. n.* (verbum neutrum: 자동사), v. d.(verbum deponens: 탈형동사) 등을 마지막으로 표기한다.

『한불ᄌᆞ뎐』과의 관계

『라틴어 옛한글 사전』은 서양 언어와 한국어의 초기 대역어 사전으로, 간행된 것 중에는 네 번째 사전이자 최초의 라틴어-한국어 사전이다. 가장 먼저 간행된 서양언어-한국어 사전은 1874년에 간행된 제정 러시아의 관리 푸칠로(M. Putsillo, 1845-1889)의 러시아어-한국어 사전『뎌션칙이』로, 연해주에 이주한 한국인들과의 의사소통을 위해 만든 대역어휘집이다. 그다음은 리델(Félix-Clair Ridel, 1830-1884) 주교 등이 만주의 차쿠(岔溝)에서 편찬한 원고를 1880년 일본의 요코하마에서 인쇄한『한불ᄌᆞ뎐』이다. 그리고 1890년에 간행된 언더우드(H. G. Underwood, 1859-1916)의 한국어-영어, 영어-한국어 사전인『한영ᄌᆞ뎐』이 있었다. 그중에서『한불ᄌᆞ뎐』은 조선 천주교를 담당하고 있던 파리외방전교회 신부들이 편집한 것이라는 점에서『라틴어 옛한글 사전』과 밀접한 관련이 있다.

『라틴어 옛한글 사전』의 한국어 대역어는 순 한글로 이루어져 있고 한문 용어라고 하더라도 일본에서 전래된 서양 개념어가 아니라 조선에서 사용되던 번역어를 수록하였다는 특징을 가진다. 예를 들어 philosophia에는 본성리학, 격물궁리ᄒᆞᆫ 글, natura에는 본성, 셩품, 인셩, cultus에는 닥금이, 슝샹, 위홈이, societas에는 회, 계회가 대역어로 제시되어 있다. 이후의 라틴어 사전에서 채택한 철학(哲學), 자연(自然), 문화(文化), 사회(事會) 등 일본에서 번역한 한자어는 보이지 않는다.『라틴어 옛한글 사전』은 중국과 조선에서 이루어진 서양 문헌과 개념 번역의 오랜 역사에서 채택된 용어들을 수록하고 있다. 이 점은『한불ᄌᆞ뎐』과 같다.

서양 중세의 공용어인 라틴어에 대한 최초의 한국어 사전이자 명·청대에 이루어진 서양 문헌의 한문(漢文) 번역, 그리고 조선에서 이루어진 한국어 번역의 역사가 담겨있다는 점에서 이 사전은 동서문명교류사에서 중요한 의미를 지닌다. 서양 학술과 개념의 한국어 번역 역사는 조선 시대로 거슬러 올라간다.

조선 중기에 유입된 한문 서학서는 조선 사회에 큰 영향을 미쳤는데, 여기에는 한국어로의 번역이 큰 역할을 하였다. 신부가 파견되지도 않았음에도 18세기 후반 조선에서는 책에 의지하여 집회를 열고 스스로 전례를 거행할 정도로 자생적 신앙집단이 형성되었다. 이 집단은 신분과 성별을 초월하여 구성되었고, 한국어 교리서와 번역본이 있었기에 여성과 하층민들도 광범위하게 참여할 수 있었다. 정약종의 『쥬교요지』와 같은 한국어 교리서가 나타나는 등, 한문 서학서를 통해 들어온 서양의 종교와 개념이 조선에서 이해되고 번역되어 사용되고 있었다. 신유박해(1801) 때 압수된 서적 목록을 보면 총 123종 중 한문본이 37종, 한글본이 86종으로 전체의 2/3이 한글본일 정도였다. 초기 신도들에 의해 이루어졌던 한문 서학서의 한국어 번역은 주문모(周文謨, 1752-1801) 신부를 비롯하여 이후에 파리외방전교회 소속 신부들이 파견되면서 신부들의 주도와 조선인 신자들의 협력 속에서 지속되었다. 이러한 과정에서 초기 한국어 사전들도 편찬되었다.

    1831년 조선 대목구가 설정되고 파리외방전교회에 위탁되면서 프랑스 출신 전교사들이 조선에 들어와 활동하였다. 달레(Claude Charles Dallet, 1829-1878)의 『한국천주교회사』(1980)에 따르면 조선에서는 이미 1866년 이전에 여러 종류의 다언어 사전이 편찬되고 있었다. 다블뤼의 중국어-한국어-프랑스어 사전, 푸르디에(Jean Antoine Pourthie, 1830-1866)의 한국어-중국어-라틴어 사전, 쁘띠니콜라(Michel Alexander Petitnicolas, 1828-1866)의 한국어-라틴어 사전이 편찬되었으나, 이 원고들은 병인박해(1866) 때 모두 압수당했고 결국은 소실되고 말았다. 이들의 작업 중 출판까지 이루어진 사전은 리델 주교 등이 다시 만든 『한불ᄌ뎐』(1880)이다.

    조선에서 활동한 전교사들의 사전 편찬 작업의 결실인 『한불ᄌ뎐』은 한국어 표제어를 한글로 제시한 뒤, 로마자로 발음을 적고, 한자어인 경우 한자어를 제시하고, 프랑스어로 의미를 풀이하는 방식을 취하였다. 푸칠로의 러시아어-한국어 사전 『뎌선칙이』가 대역어만 제시한 것과 비교하면 『한불ᄌ뎐』은 사전으로서의 요건을 갖춘 최초의 서양언어-한국어 사전이라고 할 수 있다. 19세기 한국어 어휘를 풍부하게 담고 있어 국어사 연구에 필수 자료인 『한불ᄌ뎐』에는 조선시대부터 지속되어 온 한역 서학서의 한국어 번역에 따른 서양 용어 역시 수록되어 있어 『라틴어 옛한글 사전』의 에디션과 주석 작업에 중요한 참고자료가 된다.

곤살베스의 사전과의 관계

『라틴어 옛한글 사전』과 『한불ᄌᆞ뎐』은 중국과 조선에서 이루어진 서양 문헌과 개념 번역의 오랜 역사에서 채택된 용어들을 수록하고 있으며, 모두 파리외방전교회에서 만든 것이기 때문에 공유하고 있는 용어들이 많다. 그러나, 『한불ᄌᆞ뎐』만으로는 용어가 풀이되지 않는 경우가 있다. 이러한 용어들은 곤살베스(Joaquim Affonso Gonçalves, 1781-1841)의 『辣丁中華合字典 *Lexicon Manuale: latino sinicum continens omnia vocabula latina utilia, et primitiva, etiam Scripturae Sacrae*』(Macau, 1839: 이하『라중소사전』), 『辣丁中華合璧字典 *Lexicon Magnum: latino-sinicum ostendens etymologiam, posodiam et constuctionem vocabulorum*』(Macau, 1841: 이하『라중대사전』) 등 라틴어-중국어 사전들을 참고할 때 분명해진다. 곤살베스의 사전들은 17-19세기 명·청대 한문 서학서에 나타난 번역어들을 수록하고 있으며, 『라틴어 옛한글 사전』과 오류마저 공유하는 등 밀접한 관련이 있다. 대표적인 예로, 구품천신(九品天神), 즉 천사들의 아홉 품급의 사례를 보자.

구품천신에 대한 언급은 예수회 전교사 불리오가 아퀴나스의 『신학대전(*Summa Theologiae*)』을 번역한 『초성학요(超性學要)』에 나타난다. 아퀴나스의 라틴어 원문과 불리오의 번역은 다음과 같다.

아퀴나스의 『신학대전』	불리오의 『초성학요』
SED CONTRA est auctoritas sacrae scripturae quae sic eos nominat. Nomen enim Seraphim ponitur Isa.; nomen Cherubim, Ezech.; nomen Thronorum, Col.; Dominationes autem et Virtutes et Potestates et Principatus ponuntur Ephes.; nomen autem Archangeli ponitur in canonica Judae; nomina autem Angelorum in pluribus scripture locis.[1]	經稱九品天神曰, 奉使者。【原文諸若】 曰宗使者。【原文亞爾甘若】 曰率領者。【原文備林者巴多】 曰宰制者。【原文玻德斯大德】 曰上能者。【原文未爾都德】 曰統權者。【原文鐸彌納藏】 曰上座者。【原文多洛諾】 曰普知者。【原文格露柄】 曰至愛者。【原文色朧蜚英】 (『경(經)』에서는 구품천신을 봉사자(奉使者)【원문은 제약(諸若: Angelus)이다】, 종사자

(이와는 반대로, 성경의 권위가 천사들을 다음과 같이 이름을 붙이고 있다. 이사야서에는 세라핌(Seraphim)의 이름이 나오고, 에스겔에서는 케루빔(Cherubim), 골로새서에서는 트로니(Throni), 에베소서에서는 도미나티오네스(Dominationes)와 비루투테스(Virtutes)와 포테스타테스(Potestates) 그리고 프린키파투스(Principatus), 유다서에서는 아르크앙겔루스(Archangelus) 그리고 성경의 여러 곳에서 앙겔루스(Angelus)의 이름이 등장한다.)

宗使者 【원문은 아이감략(亞爾甘若: Archangelus)이다】, 솔령자(率領者) 【원문은 비림자파다(備林者巴多: Principatus)이다】, 재제자(宰制者) 【원문은 파덕사대덕(玻德斯大德: Potestates)이다】. 상능자(上能者) 【원문은 미이도덕(未爾都德: Virtutes)이다】, 통권자(統權者) 【원문은 탁미납장(鐸彌納藏: Dominationes)이다】, 상좌자(上座者) 【원문은 다락낙(多洛諾: Throni)이다】, 보지자(普知者) 【원문은 격노병(格露柄: Cherubim)이다】, 지애자(至愛者)라고 일컬었다. 【원문은 색납비영(色臘蜚英: Seraphim)이다】)

두 번역을 살펴보면, 아퀴나스와는 달리 불리오의 한문 번역에서는 천사들의 순서를 거꾸로 제시하였다는 것을 알 수 있다. 19세기의 다른 라틴어 사전들도 불리오의 번역 순서대로 구품천사를 구분하고 있다.

Dictionarium latino nankinense juxta materiarum ordinem dispositum (1847)		*Dictionnairefrançais-latin-chinois de la langue mandarineparlée*, Paul Penry (Paris: FirminDidotfrères, filset cie, 1869).			
Angelus	天神	1° Anges	Angeli	天神
Archangelus	總領天神	2° Archanges	Archangeli	大天神
Principatus	三品	3° Principautés	Principatus	神宗
Potestates	四品	4° Puissances	Potestates	諸能
Virtutes	五品	5° Vertus	Virtutes	諸德
Dominationes	六品	6° Dominations	Dominationes	主天神
Throni	七品	7° Trônes	Throni	神座
Cherubin	八品天神	8° Chérubins	Cherubim	格侶
Seraphin	九品天神	9° Seraphins	Seraphim	瑟辣

1　Thomas Aquinas, *SUMMA THEOLOGIAE VOLUME 14 DIVINE GOVERNMENT* (1a2ae.103-9). trans. T. C. O'BRIEN (London: Blackfriars and Eyre and Spottiswood, 1975), p. 134.

이와는 달리 곤살베스의 『라중소사전』과 『라중대사전』은 아퀴나스의 라틴어 본문 순서를 따르고 있으며, 『라틴어 옛한글 사전』 역시 이들과 동일한 순서임을 확인할 수 있다.

	『라중소사전』	『라중대사전』	『라틴어 옛한글 사전』
Seraphim	一品天神	其一品天神	일품텬신
Cherubim	天神其八品	基八品之天神	텬신데팔품
Throni	寶座 御位 三品天神	天神三品	삼품텬신
Dominationes	天神品	天神品	[없음]
Virtutes	五品天神	五品天神	오품텬신
Potestates	能力 權 准 官員 威儀 六品天神	天神六品	륙품텬신
Principatus	首位 王位 王封	初位 王位	읏듬위, 오품텬신
Archangelus	[없음]	大天神	대텬신, 텬신데팔품
Angelus	天神	天神	텬신, 슈신, 삼종경

이 목록에서 특이한 부분을 발견할 수 있다. 순서상, 일품천신인 세라핌(Seraphim)과 삼품천신인 트로니(Throni) 사이에 있는 케루빔(Cherubim)은 이품천신이어야 한다. 하지만 『라중대사전』에서는 팔품천신(基八品之天神)이라고 번역하고 있고, 『라틴어 옛한글 사전』도 팔품천신(텬신데팔품)이라고 동일하게 번역하고 있다. 『라틴어 옛한글 사전』은 순서상 팔품천신인 "Archangelus"에게도 "텬신데팔품"이라고 동일한 용어를 사용하고 있다. 이러한 번역상의 오류 또는 혼란이 동일하게 두 사전에서 발견되고 있다는 것은 『라틴어 옛한글 사전』이 곤살베스의 사전과 같은 계열임을 보여준다. 『한불ᄌ뎐』에는 구품천신이 "텬신구품, 天神九品, Les neuf choeurs des anges."로 제시되었을 뿐 각 천신의 명칭은 제시되지 않았다.

곤살베스의 사전들과 『라틴어 옛한글 사전』의 연관은 인적 관계에서도 확인된다. 조선 교구에 배정된 파리외방전교회 전교사들은 조선에 들어와 조선어를 익히는 한편, 신학생들을 길러냈다. 최초로 선발된 신학생 김대건(金大建, 1821-1846), 최방제(崔方濟, ?-1837), 최양업(崔良業, 1821-1861)은 마카오의 '조선 신학교'에서 교육을 받았는데, 이들의 교육을 책임졌던 교장 칼레리(Joseph-Marie Callery, 1810-1876)는 수년 동안 곤살베스에게 중국어를 배웠다. 조선에서 파견한 신학생들이 마카오에 있을 때도 곤살베스는 활발하게 학생들을 가르치고 교재와 사전을 집필하고 있었다. 최방제는 마카오에서 병사(病死)했지만, 마카오와 필리핀 마닐라 등지에서 10년 이상을 훈련받고 신부가 되어 조선으로 돌아온 두 사람은 활발하게 활동하였다. 특히 최양업은 조선에서 10년여를 보내면서 한글로 서학서를 번역하고 집필하였다. 이러한 인적 연결망이 곤살베스의 사전과 『라틴어 옛한글 사전』의 대역어에서 보이는 유사성을 설명해주는 역사적 배경이 된다.

의의

『라틴어 옛한글 사전』은 사전학사, 국어사, 동서문명교류사에서 중요한 의미를 지닌다. 이 사전은 조선 후기에 이루어진 서양 언어로 된 다국어 사전 편찬의 흐름 속에 자리하며, 19세기 말 한국어 단어들을 수록하고 있고, 서양 전래 용어가 진작부터 우리 땅에서 번역되고 있었음을 잘 보여주기 때문이다.

동서교류문헌을 연구하는 본 사업단에서 특히 주목하는 것은 서양에서 전래된 용어들이다. 특히 이들 용어는 중국 명·청대 한문 서학서에서 채택된 번역어로, 16세기부터 축적된 서양 도서와 개념 번역의 역사적 과정에서 형성된 것이다. 조선 후기에 유입된 한문 서학서는 다시 한국어로 번역되어 옛한글본이 다수 남아있는데, 조선 후기 동서교류문헌으로 가장 주목받아야 할 이들 자료의 연구에 있어서 이 사전은 필수적으로 참고되어야 한다.

일러두기

1. 이 책은 『라틴어 옛한글 사전』에 수록된 옛한글 대역어 색인이다.
2. 각 항은 현대어 번역과 그에 해당하는 라틴어 표제어로 배열하였다. 예문이 있는 경우에는 라틴어 표제어 다음에 예문을 제시하였다.

   예)
   늙은이 싀골에 갓다   Abdo. Senex se rus abdidit.

현대어 찾아보기

가

가 [*가장자리]	Ora
가 [*의문 부사]	Ne, Numquid
가 보다	Inviso, Visito, Viso
가 봄	Visitatio
가(假)그리스도	Pseudochristus
가객(歌客)	Cantator
가까옴	Affinitas, Proximitas
가까운	Affinis, Contiguus, Propinquus
가까워 오다	Immineo
가까이	Circa, Circum, Cominus, Contigue, Juxta, Prope, Propemodum, Propinque, Secundum, Secus
가까이 못할	Inaccessus
가까이 오다	Accedo, Appropinquo
가까이하다	Propinquo
가깝다	Appropinquo, Propinquo, Proximo
가끔	Nonnunquam, Plerumque
가난한	Pauper, Pauperies
가는	Exilis, Gracilis, Subtilis, Tenuis
가는 줄	Chordula

가늘게	Exiliter, Subtiliter, Tenuiter
가늚	Exilitas, Subtilitas, Tenuitas
가다	Abeo, Accedo, Accurro, Eo, Grassor, Meo, Permeo, Vado
가두다	Concludo, Includo, Insero
가득케 하다	Impleo, Repleo
가득하게 하다	Adimpleo
가득한	Completus, Plenus, Refertus
가득함	Plenitudo
가득히	Plene
가라앉다	Resido
가라앉히다	Inflecto
가라앉히지 못할	Implacabilis
가라지	Zizania
가락지	Annulus
가려냄	Delectus
가려움	Prurigo, Pruritus
가련(可憐)한	Miserabilis
가련(可憐)히	Miserabiliter
가렵다	Prurio
가로	Transverse
가로 누운	Transversus
가로 배질하다	Relego
가로되	Aio, Inquam
가루	Farina
가르치다	Demonstro, Doceo, Erudio, Formo, Imbuo, Indico, Informo, Instruo, Significo
가르칠 만한	Docilis, Docilitas
가르침을 청(請)하다	Consulo
가리	Strues
가리는 것	Velamen, Velum

가리다	Adumbro, Cooperio, Eligo, Excerpo, Lego, Obscuro, Obstruo, Obtego, Obumbro, Obvolvo, Offusco, Opto, Operio, Pallio, Praeopto, Praetexo, Segrego, Seligo, Velo
가리어	Exquisite
가리움	Dissimulatio
가린	Electus
가린(慳吝)한	Illiberalis
가림	Selectio
가마 [*아궁이]	Caminus, Fornax
가마 [*탈것]	Lectica
가마는 자(者)	Oeconomus, Procurator
가만한	Clandestinus, Furtivus
가만히	Abdite, Abscondite, Clam, Furtim, Latenter, Occulte
가만히 기어다니다	Subrepo
가만히 빼앗다	Subripio
가만히 이끌다	Subduco
가만히 이끌어 들이다	Subintroduco
가말다	Procuro
가맒	Procuratio
가모(家母)	Materfamilias
가물다	Areo
가뭄	Siccitas
가뭄 든	Siccus
가벼운	Levis, Levitas
가벼이	Leviter
가볍게 믿는	Credulus
가볍게 믿음	Credulitas
가부(家夫)	Paterfamilias
가산(家産)	Bona
가새	Forfex

가선지자(假先知者)	Pseudopropheta
가소(可笑)로운	Ridiculus
가소(可笑)롭게	Ridicule
가슴	Pectus, Thorax
가슴 침	Planctus
가슴의	Pectoralis
가시	Spiculum, Spina, Vepres
가시 돋은	Hispidus
가시덤불	Dumus, Rubetum, Sentis, Vepres, Virgultum
가시의	Spineus
가업(家業)	Patrimonium, Possessio
가운데	Centrum, Inter, Medium
가운데 있는	Medius
가운데 있다	Intersum
가웃	Dimidium
가위	Forfex
가을	Autumnus
가을 때	Autumnus
가음연	Dives, Opulentus
가음연 자(者)	Locuples
가음열게 하다	Dito, Locupleto
가장 무거운	Pergravis
가장 악(惡)한	Nequissimus
가장 요긴(要緊)한 것	Capitalis
가장 작은	Minusculus
가장 큰	Pergrandis, Permagnus
가장(家長)	Maritus
가져	De
가져가다	Abduco, Apporto, Attollo, Aufero, Defero, Effero, Exporto, Porto, Refero, Tollo, Transfero
가져간	Provectus, Sublatus

가져갈 만한	Portabilis
가져감	Sublatio
가져오다	Affero, Defero, Oggero
가종도(假宗徒)	Pseudoapostolus
가주교(假主敎)	Pseudoepiscopus
가죽	Corium, Cortex, Cutis, Pellicula, Pellis, Spolium
가죽 다루다	Taxo
가죽 매	Vibex
가죽 입은	Pellitus
가죽끈	Amentum, Corrigia, Lorum
가죽부대(負袋)	Uter
가죽신	Calceamentum
가즈런히 하다	AEquo
가지	Ramus, Sarmentum
가지 많은	Ramosus
가지다	Capto, Confero, Detineo, Fero, Gero, Habeo, Infero, Perfero, Porto, Potior, Sumo
가지런히	AEqualiter
가지지 못할	Inhabilis
가진	Praeditus
가진 자(者)	Possessor
가짐	Detentio, Gestio
가(可)하다	Fas. Fas est., Licet, Libet *seu* Lubet
가(可)한	Legitimus, Licitus
가(可)한 것	Fas
가(可)히	Licite
가(可)히 접을	Plectilis
가(可)히 통달(通達)할	Penetrabilis
가(可)히 할	Possibilis
각 이름으로	Nominatim
각 처(處)에	Ubique

각(各) 모양(模樣)으로	Diverse
각각(各各)	Quisque, Sejunctim, Singillatim, Unusquisque, Viritim
각각(各各)의	Singuli
각도(刻刀)	Scalprum
각색(各色)	Varietas
각색(各色)의	Varius
각양(各樣)으로	Omnimodo, Varie
각양(各樣)으로 하다	Variego, Vario
각양(各樣)의	Omnimodus
각자(刻字)	Character
각추렴(各出斂)하다	Contribuo
간(肝)	Hepar, Jecur
간교(奸巧)	Versutia
간교(奸巧)한	Pellax, Versipellis
간교(奸巧)히	Subdole, Versute
간구(懇求)하는	Supplex
간구(懇求)하다	Adoro, Deposco, Deprecor, Exoro, Flagito, Imploro, Obsecro, Obtestor, Supplico
간구(懇求)할 만한	Exorabilis
간구(懇求)함	Adoratio, Deprecatio, Obsecratio, Obtestatio, Supplicatio
간녀(姦女)	Adulter
간단(間斷)없이	Continue
간단(間斷)하다	Cesso, Intermitto, Interrumpo
간단(間斷)함	Cessatio, Interruptio
간단(間斷)함 없이	Assidue
간단(簡單)히	Presse
간대로	Adeo
간린(慳吝)한	Avarus
간린(慳吝)함	Avaritia

간린(慳吝)히	Avare
간부(姦夫)	Adulter
간사(幹事) 하는 이	Dispensator
간사(奸邪)하게	Maligne
간사(幹事)하다	Dispenso
간사(奸詐)한	Captiosus
간사(奸詐)히	Captiose
간사(奸邪)히 꾸며 속이려 하다	Obrepo
간선(揀選)하다	Eligo
간선(揀選)함	Electio, Segregatio
간선자(揀選者)	Electus
간섭(干涉)하다	Cooperor
간섭(干涉)함	Cooperatio
간수(看守)하다	Asservo, Condo
간신(艱辛)히	Aegre, Vix
간악(奸惡)	Malitia
간악(奸惡)한	Malitiosus
간예(干預) 없는	Immunis
간예(干預) 없음	Immunitas
간예(干預)치 않은	Immunis
간예(干預)하다	Cooperor
간음(姦淫)	Adulterium
간음(姦淫)하는	Prostitutus
간음(姦淫)하다	Adultero
간장(醬)	Muria
간절(懇切)함	Restrictio
간절(懇切)히	Ardenter, Enixe, Obnixe, Suppliciter
간절(懇切)히 원(願)하다	Exopto, Glisco
간지러움	Titillatio
간지럽다	Titillo

간청(懇請)하다	Sollicite
간청(懇請)함	Sollicitatio
간친(姦親)	Incestum
간특(奸慝)한	Malignus
간특(奸慝)함	Malignitas
갈고리	Hamus, Uncus
갈고리진	Uncus
갈기다	Deputo, Erado
갈다	Molo, Scindo, Sulco
갈대	Arundo
갈라내다	Dirimo, Segrego
갈라냄	Segregatio
갈림	Separatio
갈림길	Bivium
갈증(渴症)	Sitis
갈퀴	Rastrum
감	Materia
감격(感激)히	Gratanter
감기	Rheuma
감다	Volvo
감동(感動)치 못할	Inexorabilis
감동(感動)함	Sensatio
감목(監牧)	Episcopus
감사(感謝)	Grates
감사(監事)	Gubernator
감사(感謝) 없이	Ingrate
감사(感謝)하다	Congratulor
감심(甘心)으로	Libenter
감심(甘心)하는	Libens
감은(感恩)	Grates

감정(鑑定)하다	Approbo, Sancio, Sanctio
감찰(監察)	Censor
감추다	Abdo, Abscondo, Celo, Condo, Insero, Obduco, Recondo, Supprimo
감춤	Occultatio
감(減)하다	Abbrevio, Attenuo, Curto, Diminuo, Imminuo, Minuo, Rescindo, Reseco, Tempero, Tenuo
감(減)함	Abbreviatio, Abstinentia, Decrescentia, Deductio, Diminutio
감(敢)히	Audacter
감(敢)히 하다	Audeo
감(減)하다	Abstineo
갑옷	Lorica, Thorax
갑옷 입은	Loricatus
갑절	Duplex
값	Pretium, Valor
값 덜다	Depretio
값 매기다	Appretio
값없는	Inaestimabilis
값없이	Gratis
값을 더하다	Accendo. Accendere pretium.
갓	Petasus
갓끈	Vitta
강(綱)	Plaga
강(江)	Flumen
강낭콩	Faba
강도(强盜)	Latro, Praedo, Raptor
강도(强盜)질	Latrocinium
강도(强盜)질하다	Latrocinor
강둑	Littus
강론(講論)	Concio, Eloquium, Oratio, Praedicatio, Sermo

강론(講論)하는 모양(模樣)으로	Oratorie
강론(講論)하는 자(者)	Orator
강론(講論)하다	Concionor, Dissero, Praedico
강론(講論)함	Dissertatio
강박(强迫)하다	Adigo, Compello, Constringo
강박(强迫)한	Coactio, Violentia, Violentus
강박(强迫)히	Violenter
강박(强迫)히 구(求)하다	Exigo
강박(强迫)히 구함	Exactio
강보(襁褓)	Cunabula, Cunae, Incunabula
강복(降福)	Benedictio
강복(降福)하다	Benedico
강생(降生)한	Incarnatus
강생(降生)함	Incarnatio
강쇠(降衰)하다	Decresco, Degenero
강의(剛毅)함	Firmitudo
강의(剛毅)히	Audacter
강잉(强仍)하여 하는	Invitus
강탈(强奪)하다	Abripio
강(强)하게 하다	Fortifico
강(强)한	Fortis, Inflexibilis, Robustus
강(强)함	Vis
갖추다	Paro
같게 하다	Adaequo, Aequo, Assimilo, Conformo, Similo
같다	Assimilo
같은	Aequalis, Compar, Conformis, Idem, Par, Similis
같은 값으로	Tantidem
같은 말	Synonymum
같은 번(番) 수(數)	Toties
같은 수(數)의	Totidem

같은 종	Conservus
같은 처지(處地)	Paritas
같은 혈육(血肉)	Necessitudo
같음	Aequalitas, Conformitas, Indifferentia, Parilitas, Similitudo
같이	Ac. Juxta ac., Admodum, Aequaliter, Instar, Juxta, Pariter, Quemadmodum, Sicut, Similiter, Ut, Uti, Velut
같이 먹다	Convivor
같이 받는	Consors
같이 생각함	Opinatio
같지 아니하다	Discrepo
같지 아니한	Dissimilis
같지 아니한	Dispar
같지 않게	Inaequaliter
같지 않은	Impar, Inaequalis
같지 않음	Inaequalitas
갚다	Compenso, Expendo, Expio, Luo, Pendo, Persolvo, Reddo, Repindo, Retribuo, Satisfacio, Solvo
갚을 것	Debitum
갚음	Retributio, Satisfactio, Solutio
갚음 없는	Gratuitus
개	Canis, Latrator
개 새끼	Catulus
개 짖는 소리	Latratus
개가(凱歌) 부르는	Ovans
개과(改過)함	Emendatio
개구리	Rana
개두포(盖頭袍)	Amictus
개미	Formica
개울	Rivulus, Rivus
개정(改訂)하다	Emendo

개천(川)	Rivulus
객실(客室)	Hospitium
객(客)쩍은	Intempestivus
객청(客廳)	Aula
거(居)하는 자(者)	Incola
거(居)하다	Dego, Demoror, Habito, Incolo, Inhabito, Resideo, Versor
거(居)함	Sedes
거간(居間)하다	Interpono, Intervenio
거간(居間)한 자(者)	Mediator
거간(居間)함	Interventio, Mediatio
거기	Ibi, Inibi
거기까지	Eatenus, Illactenus vel Illatenus
거기로	Eo, Illac
거기로부터	Inde
거꾸러뜨리다	Perverto
거꾸로	Perverse
거느리다	Obumbro, Praesideo
거느린	Directus
거느림	Directio, Ditio
거닐다	Ambulo
거닐다	Procedo
거동(擧動)	Mos, Processio
거두다	Assumo, Carpo, Colligo, Excipio, Lego, Percipio, Recolligo, Relego
거둔 것	Collecta
거둔 돈	Collecta
거둠	Assumptio, Perceptio
거듭하다	Itero, Repeto
거듭함	Repetitio
거렁	Canalis

거루	Cymba, Navicula, Scapha
거룩하게 하는 자(者)	Sanctificator
거룩하게 하다	Sanctifico
거룩하게 함	Sanctificatio
거룩한	Divinus, Sacer, Sacrosanctus, Sanctimonialis, Sanctus
거룩한 노래	Canticum, Hymnus
거룩함	Sanctimonia, Sanctitas, Sanctitudo
거룩히	Sancte
거름	Fimus, Stercus
거름 모은 곳	Sterquilinium
거름하다	Stercoro
거리	Area, Forum, Materia
거리끼는 모양(模樣)으로	Scrupulose
거리낀 것 치우다	Extrico
거만(倨慢)한	Irreverens
거만(倨慢)함	Irreverentia
거만(倨慢)히	Irreverenter
거머리	Hirudo, Sanguisuga
거미	Aranea
거북이	Testudo
거스르는	Adversarius, Adversus, Rebellis
거스르는 모양(模樣)으로	Repugnanter
거스르다	Adversor, Calcitro, Infringo, Rebello, Recalcitro, Reluctor, Renitor, Repugno, Resistentia, Resisto
거스를 수 없는 말	Axioma
거스름	Adversum, Infractio, Offensa, Offensio, Rebellio, Renixus, Repugnantia
거슬러	Adversus, Contra, In
거슬러 말하다	Contradico, Obloquor
거슬러 말함	Contradictio
거슬러 싸우다	Impugno, Oppugno

거슬러 싸움	Impugnatio
거슬러 일어나다	Insurgo
거양(擧揚)하다	Elevo, Extollo
거양(擧揚)함	Elevatio
거역(拒逆)하는	Petulans
거역(拒逆)하다	Reluctor
거역(拒逆)하여	Petulanter
거역(拒逆)함	Petulantia
거울	Speculum
거위	Anser
거의	Ceu, Fere, Ferme, Paene vel Pene, Pene, Propemodum, Quasi
거의 같은	Suppar, Verisimilis
거의 같음	Verisimilitudo
거의 같이	Verisimiliter
거의 누런	Fulvus
거의 말(末)째	Paenultimus
거의 말(末)째의	Penultimus
거의 섬 된 지방(地方)	Paeninsula
거의 옳게	Verisimiliter
거의 옳은	Verisimilis
거의 옳음	Verisimilitudo
거의 죽은	Semianimis
거저	Gratis
거죽	Superficies
거짓	Fallaciter, Falsus
거짓 것으로	Mendaciter
거짓 도리(道理)	Sophisma
거짓 미리 아는 말	Pseudoprophetia
거짓 이치(理致)	Sophisma
거짓 착한 이	Hypocrita

거짓 착함	Hypocrisis
거짓말	Mendacium
거짓말하는 자(者)	Mendax
거짓말하다	Mentior
거창(巨創)하게	Magnifice
거창(巨創)함	Magnificentia
거처(居處)	Habitaculum
거처(居處)하다	Colo
거처(居處)함	Habitatio, Incolatus, Mansio
거푸집	Conflatura
거품	Spuma
거품내다	Spumo
거품의	Spumeus
거향(居鄕)하다	Rusticor
걱정	Anxietas, Inquietudo, Moestitia, Sollicitudo
걱정스럽게	Sollicite
걱정없이	Securis
걱정하는	Sollicitus
건건한	Salsus
건너	Trans
건너 달려가다	Transcurro
건너 보내다	Transmitto
건너 붓다	Transfundo
건너가다	Trajecto, Trajicio, Transmeo
건너감	Trajectio, Trajectus
건너다	Permeo
건널 만한	Permeabilis
건넘	Transitio, Transitus
건네다	Traduco
건장(健壯)케 하다	Vegeto

건장(健壯)케 함	Vegetatio
건장(健壯)하게 하다	Corroboro
건장(健壯)하다	Vigeo
건장(健壯)한	Vegetus, Viratus, Virilis
건장(健壯)한 자(者)	Vir
건(健)한	Ferax, Fertilis
걷다	Ambulo, Detego
걷잡다	Coerceo, Cohibeo, Comprimo, Contineo
걸게	fertiliter
걸리게 하다	Scandalizo
걸리는 것	Scandalum
걸리다	Offendo
걸리지 아니한	Inoffensus
걸린	Illectus
걸릴 것	Offendiculum
걸림	Offensio
걸상(床)	Scamnum, Sedile
걸어가다	Gradior, Incedo
걸음	Gradus, Gressus, Incessus, Passus
걸장	Vectis
걸지 아니한	Infecunditas, Infecundus
검게 하다	Fusco, Nigro
검기	Nigredo
검불	Stipula, Stramentum
검붉은	Rufus
검어지다	Nigresco
검은	Ater, Niger
검음	Atratus, Atritas, Atritudo
검정	Fuligo, Nigrities
겁(怯)	Formido, Metus, Timiditas, Tremor

겁(怯) 많은	Meticulosus, Pavidus, Pusillanimis, Timidus
겁(怯)나다	Timeo
겁(怯)난	Timefactus
겁(怯)내게 하다	Deterreo
겁(怯)내는	Trepidus
겁(怯)내지 않는	Impavidus
겁박(劫迫)하다	Praedor
겁(怯)없이	Impavide
겁칙(劫勅)하는 자(者)	Oppressor
겁칙(劫勅)하다	Opprimo
겁탈(劫奪)	Rapina, Stuprum
겁탈(劫奪)한 것	Spolium
겁탈(劫奪)함	Invasio, Raptus
겉	Superficies
겉꾸미는 자(者)	Hypocrita
겉꾸밈	Dissimulatio, Hypocrisis, Simulatio
겉으로 꾸며	Simulate
겉으로 꾸미다	Simulo
겉잡다	Attineo, Inhibeo
겉잡다	Reprimo
게걸들린 자(者)	Gulo
게걸들림	Ingluvies
게으르게	Segniter
게으르다	Pigror
게으르지 아니한	Impiger
게으른	Ignavus, Incuriosus, Piger, Segnis
게으름	Acedia, Desidia, Ignavia, Incuria, Indolentia, Inertia, Segnities, Socordia
게으름에게 붙들리다	Piget
게을러지다	Pigresco, Segnesco
게을리	Ignave, Pigre

게트림하다	Ructo
겨누다	Dimetior, Dirigo
겨드랑	Axilla
겨레	Cognatio, Familia, Propinquitas
겨룸	Sponsio
겨른	Textilis
겨른 것	Textura
겨를	Occasio
겨우	Mediocriter, Vix
겨울	Hiems
겨울 지내다	Hiemo
겨울의	Hiemalis
겨자	Sinapis
격동(激動)하다	Excito, Provoco
격물궁리(格物窮理)하는 글	Philosophia
격외(格外)	Exceptio
격외(格外)의	Extraordinarius
격외(格外)의 은혜(恩惠)	Privilegium
격외성총(格外聖寵)	Actualis. Gratia actualis.
견고(堅固)	Longanimitas
견고(堅固)치 못한	Instabilis
견고(堅固)케 하다	Confirmo, Conforto, Consolido, Corroboro, Roboro, Solido, Stabilio
견고(堅固)하다	Consto
견고(堅固)한	Inconcussus, Longanimis, Solidus, Stabilis
견고(堅固)함	Firmamentum, Firmitas, Soliditas, Stabilitas
견고(堅固)히	Solide
견고(堅固)히 머물다	Permaneo
견고(堅固)히 서다	Obduro, Persto
견디기 어렵다	Taedet

견디다	Dureo, Duro, Fero, Patior, Perfero, Suffero, Supporto, Sustento, Sustineo, Tolero
견디지 못하는	Impatiens
견디지 못하다	Acerbe. Acerbe ferre.
견딜 만치	Tolerabiliter
견딜 만한	Patibilis, Tolerabilis
견딜 수 없는	Intolerabilis
견양(見樣)한 것	Specimen
견진(堅振)	Confirmatio
겯다	Connecto, Consero, Contexo, Implico, Necto
결	Vena
결단(決斷) 못하다	Nuto
결단(決斷)내다	Vasto
결단(決斷)하다	Adjudico, Affirmo, Assero, Cerno, Decerno, Definio, Pronuntio
결단(決斷)함	Affirmatio, Conclusio, Definitio
결박(結縛)하다	Ligo, Vincio
결백(潔白)함	Puritas
결실(結實)치 못하는	Infructuosus
결실(結實)하게	Fructuose
결실(結實)하는	Fructuosus
결실(結實)하다	Fructifico
결안(決案)	Condemnatio, Sententia
결약(結約)	Contractus
결연(結緣)	Circumstantia
결(結)음	Connexio
결정(決定)치 않은 것	Problema
결정(潔淨)케 하다	Lustro
결정(潔淨)케 함	Lustratio
결정(潔淨)하게	Continenter
결정(決定)하다	Addico, Determino

결정(決定)함	Determinatio
결(缺)한	Expers, Privatus
결함(缺陷)	Privatio
결합(結合)	Copula
결합(結合)하다	Annecto, Conjugo, Conjungo, Copulo, Inhaereo
결합(結合)함	Conjunctio
결혼(結婚)한	Desponsatus
겸덕(謙德)	Obsequium
겸비(兼備)하게	Demisse, Submisse
겸비(兼備)한	Submissus
겸비(兼備)함	Subjectio
겸손(謙遜)한	Humilis
겸손(謙遜)함	Humilitas
겸손(謙遜)히	Humiliter
겹	Duplex
겹질림	Luxatio
겹치다	Duplico, Ingemino
경(經)	Preces
경(警)	Vigilia
경각(頃刻)	Momentum
경각(頃刻)의	Momentaneus
경계(境界)하는 것	Monumentum
경계(警戒)하다	Abstineo, Arceo, Relevo
경계(警戒)함	Abstinentia
경도(京都)	Curia
경력(經歷)치 못한	Inexpertus
경력(經歷)하는	Experiens
경력(經歷)하다	Persentio
경력(經歷)함	Experientia
경만(輕慢)히 하다	Aversor

경만(輕慢)히 보다	Contemno, Despicio
경만(輕慢)히 여기다	Aspernor, Proculco
경만(輕慢)히 하다	Abjicio
경망(輕妄)케 하다	Temero
경망(輕妄)함	Spretus, Temerarius, Temeritas
경망(輕妄)히	Temerarie
경멸(輕蔑)히	Contemptim
경문(經文)	Oratio, Preces
경사(慶事)	Jubilaeus
경사(慶事)로운	Festivus, Gratus
경영(經營)함	Coeptus
경외(敬畏)하는	Timoratus
경외(敬畏)하는 덕	Timor
경외(敬畏)하다	Vereor
경(輕)이 여기다	Temno
경(輕)하게	Leviter
경(輕)하게 하다	Levo
경(輕)함	Levitas
경(輕)히 보다	Vilipendo
경(輕)히 여기다	Negligo, Parvi. Parvi duco., Temno
경책(警策)하다	Corrigo
경책(警責)함	Castigatio
경판(經板)	Tabella. Tabella Secretarum.
경편(輕便)한	Agilis, Opportunus
경편(輕便)함	Agilitas, Commodus
경편(輕便)히	Agiliter, Opportune
경하(慶賀)하다	Congratulor, Gratulor, Jubilo
경하(慶賀)함	Gratulatio, Jubilatio
경험(經驗)한	Probatus
경환(頸環)	Armilla

곁가지 치다	Puto
곁에	Lateralis, Secus
곁에 세우다	Astruo
곁에 있다	Assisto, Asto vel Adsto
계(契)	Sodalitas
계교(計巧)	Captio
계교(計巧) 꾸미다	Machinor
계교(計巧) 꾸밈	Molitio
계명(誡命)	Mandatum, Praeceptum
계명성(啓明星)	Lucifer
계집	Femina
계집 모양(模樣)으로 하다	Effemino
계집 태도(態度)로	Effeminate
계집의	Femineus
계책(計策)	Ars
계회(契會)	Societas
고(庫)	Horreum
고개	Clivus
고경신경(古經新經)	Testamentum. Testamentum Vetus, et Novum.
고경절요(古經節要)	Epitome
고교(古敎) 때 박학사(博學士)	Scribae
고교(古敎)의	Legalis
고기	Caro
고기 낚다	Hamus. Hamo piscari.
고기 잡다	Piscor
고기굽는 꼬챙이	Veru
고기잡는	Piscatorius
고난(苦難) 받을 만한	Passibilis
고난(苦難) 받음	Passio
고담(古談)	Fabula

고독(孤獨)한 아이	Pupillus
고독(孤獨)한 자(者)	Orphanus
고독(孤獨)한 처지(處地)	Orbitas
고랑	Sulcus
고래	Cete
고르게	AEquiter
고르다	Eligo
고르지 아니한	Inaequalis
고르지 않게	Inaequaliter
고르지 않음	Inaequalitas
고름	Purulentia, Pus, Sanies, Tabes, Tabum
고름 나다	Suppuro
고름의	Purulentus
고리	Annulus, Circulus, Orbis
고명(告明)	Confessio
고모(姑母)	Amita
고물	Puppis
고복(苦服)	Cilicium
고뿔	Rheuma
고생(苦生)	Crux
고소한 냄새	Nidor
고약(膏藥)	Unguentum
고양(羔羊)	Agnus
고양이	Feles *vel* Felis
고와지다	Pulchresco
고요하게	Tranquille
고요한	Silentiosus, Tranquillus
고요함	Tranquillitas
고운	Bellus, Decorus, Elegans, Floridus, Formosus, Lepidus, Pulcher, Speciosus, Venustus
고움	Decor, Lepor *vel* Lepos, Venustas

고을	Dioecesis
고의(苦衣)	Cilicium
고이는	Gratiosus
고이다	Fulcio
고자(告者)	Delator, Index
고조부(高祖父)	Progenitor
고집(固執)	Pertinacia, Pervicacia, Tenacitas
고집(固執)스럽게	Tenaciter
고집(固執)스레	Obstinate, Pertinaciter, Pervicaciter
고집(固執)하다	Obstino, Persevero
고집(固執)하여	Mordicus, Pugnaciter
고집(固執)한	Contumax, Obstinatus, Pertinax, Pervicax, Tenax
고집(固執)함	Contradictio, Contumacia, Obstinatio
고창(鼓脹)	Hydropisis
고창(鼓脹)된	Hydropicus
고쳐버림	Emendatio
고치다	Corrigo, Curo, Emendo, Medeor, Muto, Novo, Reficio, Renovo, Restauro, Retracto
고치지 못하는	Irremediabilis
고치지 못할	Insanabilis
고칠 만한	Curabilis, Sanabilis
고침	Correctio, Litura, Refectio, Restauratio, Retractatio
고편(苦鞭)	Disciplina
고(告)하다	Accuso, Confiteor, Criminor, Denuntio, Impeto, Incesso, Insimulo
고(告)함	Accusatio
고함(高喊) 지르다	Exclamo
고함(高喊) 지름	Exclamatio
고해(告解)	Confessio
고해(告解) 받는 신부(神父)	Confessarius
고해(告解)하다	Confiteor

고해성사(告解聖事)	Poenitentia
고향(故鄕)	Patria
고향(故鄕)의	Patrius
곡식(穀食)	Cerealis, Frumentum, Frux, Seges
곡식(穀食) 거두는 자(者)	Messor
곡식(穀食) 거두다	Meto
곡식(穀食) 나는	Frugifer
곡식(穀食) 부수다	Tribulo
곡식(穀食) 여는	Frugifer
곡읍(哭泣)함	Ploratus
곡조(曲調)	Harmonia, Melos, Modulamen, Symphonia
곡조(曲調) 있게	Modulate
곡조(曲調) 있게 하다	Modulor
곡(哭)하다	Illacrymo
곤장(棍杖)	Baculus
곤핍(困乏)함	Infractio
곤(困)하게 하다	Fatigo, Lasso
곤(困)하여지다	Lassesco
곤(困)한	Defessus, Fessus, Lassus
곤(困)한 줄 모르는	Indefessus, Infatigabilis
곤(困)함	Fatigatio, Lassitudo
곧	Confestim, Extemplo, Immediate, Nempe, Nimirum, Scilicet, Statim, Videlicet
곧게	Recta
곧은	Rectus
곧음	Rectitudo
골	Vallis
골(骨)	Cerebrum, Medulla
골내게 하다	Exarcerbo, Exaspero
곰	Ursus
곰팡이 나다	Muceo

곰팡이 슨	Mucidus
곱	Duplex, Sanies
곱게	Belle, Decore, Eleganter, Formose, Lepide, Ornate, Pulchre, Speciose, Venuste
곱게 자란	Delicatus
곱게 하다	Decoro, Orno
곱기	Elegantia, Formositas, Pulchritudo, Speciositas
곱절	Duplex
곱절로	Duplo
곱치다	Duplico
곳	Locus
곳곳이	Ubicumque, Ubique
곳(庫)집	Cella, Horreum, Thesaurus
공(貢)	Tributum
공(貢) 바치는	Tributarius
공(功) 세우다	Mereo, Mereor
공(功) 없는	Indignus
공(功) 없이	Ingrate
공경(恭敬)하는	Verecundus
공경(恭敬)하는 이	Cultor
공경(恭敬)하다	Colo, Honorifico, Honoro, Recolo, Revereor, Veneror
공경(恭敬)하여	Honorifice
공경(恭敬)할	Honorabilis, Reverendus, Venerabilis, Venerandus
공경(恭敬)할 만한	Venerabilis
공경(恭敬)할 수 있는	Venerandus
공경(恭敬)함	Adoratio, Honor vel Honos, Observantia, Reverentia, Veneratio
공경(恭敬)함 직한	Honorabilis
공경(恭敬)히	Reverenter
공고(公庫)	AErarium
공교(工巧)	Calliditas

공교(工巧)한	Artificiosus, Calldidus, Solers, Vefer, Versutus
공교(工巧)함	Astutia, Versutia
공교(工巧)히	Callide, Solerter, Vefre
공(功)되는	Meritorius
공(功)드는	Operosus
공(功)들게	Operose
공로(功勞)	Meritum
공로(功勞) 없는	Immeritus
공로(功勞) 없이	Immerito
공로(功勞)로 얻다	Mereo, Mereor
공론(公論)	Concilium
공명(功名)	Dignitas
공문(公文)	Diploma
공번(公反)되게	Publice
공번(公反)되이	Generaliter
공번(公反)된	Aequus, Catholicus, Communis, Generalis, Publicus, Universalis
공번(公反)된 산소(山所)	Coemeterium
공번(公反)됨	Aequitas, Juste
공복(空腹)	Jejunus
공부(工夫)	Labor, Opera, Opificium, Opus, Pensum, Studium
공부청(工夫廳)	Studium
공부(工夫)하다	Operor
공사청(公事廳)	Comitium, Praetorium
공양(供養)하다	Sustento
공양(供養)함	Sustentatio
공연(空然)이	Frustra
공연(空然)한	Irritus
공연(空然)함	Nugacitas
공연(空然)히	Incassum vel In cassum, Nequidquam
공연(空然)히 허비(虛費)하다	Prodigo, Profuse

공의(公議)	Concilium
공이	Articulus
공인(工人)	Faber
공작(孔雀)	Pavo
공중(空中)	Aer
공평(公平)한	AEquus
공평(公平)함	AEquitas
공평(公平)히	AEquiter
공허(空虛)한	Vacuus
공회(公會)	Comitium, Concilium, Congressus
공회(公會)함	Coitio
과	Ac, Atque, Cum, Et, Necnon, Que
과거(科擧)	Examen
과녁	Scopus
과년(過年)한	Nubilis
과도(過度)한	Immoderatus
과도(過度)히	Immoderate
과동(過冬)하다	Hiemo
과부(寡婦)	Vidua
과실(果實) 열다	Fructifico
과연(果然)	Certe vel Certo, Equidem, Porro, Quidem, Reipsa
과연(果然) 있는	Realis
과장(科場)	Concursus
과(過)한	Nimietas, Nimius
과함	Excessus
과(過)히	Nimie, Nimiopere, Nimis
과(過)히 분(憤)하여 하는	Indignabundus
관(冠)	Cidaris, Corona, Pileus
관(棺)	Feretrum, Loculi
관가(官家)	Praefectura, Praetorium

관계(關係)없는	Indifferens
관계(關係)있다	Interest
관계(關係)하다	Refert
관계(關係)함	Cura, Obligatio
관면(寬免)	Dispensatio, Indultum, Licentia, Venia
관면(寬免)하다	Condono, Dispenso
관복(冠服)	Praetexta
관서(寬恕)하는	Indulgens
관서(寬恕)하다	Indulgeo
관솔	Taeda
관원(官員)	Praefectus
관유(寬宥)하는	Propitius
관유(寬宥)할 만한	Propitiabilis
관유(寬宥)함	Propitiatio
관장(官長)	Magistratus, Senator
관장(管掌)	Gubernator
관한(寬限)함	Dilatatio
관후(寬厚)함	Generositas, Liberalis, Liberalitas
관후(寬厚)히	Liberaliter
광	Cella, Horreum, Promptuarium
광(廣)	Latitudo
광경(光景)	Aspectus
광기(狂氣)	Rabies
광기(狂氣) 있게	Rabiose
광기(狂氣) 있는	Rabiosus
광기(狂氣) 있는	Rabidus
광대(廣大)한	Immensus, Magnificus, Spatiosus, Vastus
광대(廣大)한 당(堂)	Basilica
광대(廣大)함	Magnificentia
광명(光明)한	Lucidus

광야(廣野)	Desertum, Eremus
광우리	Canistrum
광주리	Canistrum, Vitilia
광증(狂症)	Dementia, Furor, Rabies
광채(光彩)	Splendor
광패(狂悖)	Furor
광패(狂悖)하게	Furiose
광패(狂悖)한	Furibundus, Furiosus
괘심(掛心)한	Contumax, Protervus
괭이	Ligo
괴	Feles vel Felis
괴게 하다	Fermento
괴게 함	Fermentatio
괴는 것	Stabilimentum
괴다	Ebullio, Stabilio, Suffulcio, Sustento
괴로운	Amarus, Importunus, Molestus, Taediosus
괴로움	Afflictio, Amaritudo, Cruciatus, Crux, Dolor, Gravamen, Molestia, Taedium, Tribulatio
괴로움 주다	Tribulo
괴로이	Moleste
괴롭게	Amare, Fastidiose
괴롭게 하다	Affligo, Ango, Gravo, Molesto, Sollicite, Vexo
괴롭게 함	Vexatio
괴롭다	Affligo, Taedet
괴물(怪物)	Monstrum, Portentum
괴변(怪變)	Phaenomenon
괴술(怪術)	Praestigiae
괴악(怪惡)게 하다	Depravo
괴악(怪惡)하게	Maligne
괴악(怪惡)한	Nefandus, Nefarius, Sceleratus
괴악(怪惡)함	Depravatio, Perversitas

괴악(怪惡)히	Depravate, Scelerate, Tetre
괴이(怪異)하게	Prodigiose
괴이(怪異)한	Admirabilis, Monstruosus, Prodigiosus
괴이(怪異)한 모양(模樣)으로	Prodigialiter
괴이(怪異)한 징조(徵兆)	Praesagium
괴이(怪異)히	Absurde, Admirabiliter, Monstruose
굄	Fermentatio, Sustentatio
교(敎)	Religio
교(敎) 아니 지키는	Irreligiosus
교(敎) 지키는	Religiosus
교(敎) 지키는 듯이	Religiose
교군(轎軍)	Lecticarius
교만(驕慢)하게	Arroganter
교만(驕慢)한	Arrogans
교만(驕慢)함	Arrogantia
교만(驕慢)히	Elate, Superbe
교사(巧詐)	Versutia
교사(敎師)	Sacerdos
교사(巧詐)한	Astutus, Dolosus, Fallax, Fraudulentus, Versutus
교사(巧詐)함	Astutia, Dolus, Fraus
교사(巧詐)히	Astute, Dolose, Fraudulenter, Versute
교오(驕傲)	Superbia
교오(驕傲)한	Superbus
교우(敎友)	Christianus, Christicola
교정(校訂)하다	Emendo
교종(敎宗)	Pontifex. Summus Pontifex.
교종(敎宗)의 관(冠)	Tiara
교종(敎宗)의 권(權)	Pontificium
교화황(敎化皇)	Papa, Pontifex. Summus Pontifex.
교화황(敎化皇)의 관(冠)	Cidaris

교화황(敎化皇)의 조서(詔書)	Bulla
교훈(敎訓)	Disciplina, Documentum, Monitio, Monitum
교훈(敎訓)하는 자(者)	Monitor
교훈(敎訓)하다	Educo
교훈(敎訓)함	Educatio, Eruditio, Instructio
구경	Spectaculum
구경하는 곳	Theatrum
구경하다	Contemplor, Specto
구경함	Contemplatio
구녕	Foramen
구덩이	Excavatio, Fossa, Fovea, Scrobis
구렁	Specus, Spelunca, Praecipitium, Profundum, Puteus
구렁이	Draco
구령(救靈)	Salus
구르다	Roto
구름	Nubes, Rotatio
구름 낀	Nubilus
구름 덩이	Nubecula
구름으로 가리다	Obnubilo
구름의	Nubilus
구리	Aes, Cuprum
구리그릇	AEs
구리로 한	AEneus
구리의 것	AEreus
구마품(驅魔品) 받은 이	Exorcista
구멍	Cavitas, Fixura, Foramen
구백(九百)	Nongenti
구백(九百) 번(番)	Nongenties
구백(九百)째	Nongentesimus
구변(口辯)	Elocutio, Eloquentia, Facundia

구변(口辯) 있게	Diserte, Facunde
구변(口辯) 있는	Disertus, Facundus
구변법(口辯法)	Rhetorica
구부리다	Inclino
구부림	Flexus
구석	Angulus
구세주(救世主)	Messias, Redemptor
구속(救贖)자	Redemptor
구속(救贖)하는 자(者)	Salvator
구속(拘束)하다	Cohibeo, Redimo, Salvo
구속(救贖)함	Redemptio
구슬	Globus
구실	Census, Contributio, Redditus, Stipendium, Tributum, Vectigal
구실 받는 상(床)	Telonium
구실 받는 자(者)	Telonearius
구실의	Vectigalis
구십(九十)	Nonaginta
구십(九十) 된	Nonagenarius
구십(九十) 번(番)	Nonagies
구완하다	Adjuvo
구원(救援)하는 자(者)	Sospitator
구원(救援)함	Salvatio
구원병(救援兵)	Subsidium
구유	Praesepe
구재(口才)	Facundia
구적(仇敵)	Hostis, Inimicus
구적(仇敵)으로	Hostiliter
구적(仇敵)의	Hostilis
구제(救濟)하는 자(者)	Liberator
구제(救濟)하다	Adjuvo, Libero

구제(救濟)함	Liberatio, Salvatio
구종(驅從)	Mulio
구(求)하노니	Quaeso
구(救)하는 자(者)	Salvator
구(救)하다	Libero, Posco, Quaeso, Rogo, Salvo
구(求)한 것	Quaesitum
구(求)함	Rogatio
구청(求請)하는 자(者)	Postulator
구청(求請)하다	Peto, Postulo
구청(求請)한 것	Postulatum
구청(求請)함	Petitio, Postulatio
국	Jus, Pulmentarium
군	Supervacaneus, Supervacuus
군기(軍器)	Arma
군기(軍器) 예비(豫備)하다	Armo
군기소(軍器所)	Armentarium
군난(窘難)	Persecutio
군난(窘難)내는 자(者)	Persecutor
군난(窘難)내다	Persequor
군란(軍亂)	Acerbitas
군막(軍幕)	Castra, Papilio, Tabernaculum, Tentorium
군말하다	Susurro
군박(窘迫)하게 하다	Persequor
군법(軍法)	Militia
군병(軍兵)	Copiae, Miles
군병(軍兵)의	Militaris
군복(軍服)	Paludamentum
군사(軍士)	Bellator, Lictor, Miles
군사(軍士) 노릇하다	Milito
군사(軍士) 노릇함	Militia

군사(軍士) 떼	Cohors, Legio, Phalanx
군사(軍士) 발(發)함	Expeditio
군사(軍士) 신는 신	Caliga
군색(窘塞)하다	Indigeo
군소리	Murmur, Susurratio
군소리하다	Murmuro
군음식(飮食)	Comessatio
군중(群衆)	Exercitus
굳게	Firme, Firmiter, Rigide
굳게 하다	Confirmo, Consolido, Duro, Firmo, Induro, Munio, Obduro
굳게 함	Confirmatio
굳다	Induresco
굳세게	Dure, Fortiter, Vivaciter
굳세다	Dureo
굳센	Tenax
굳셈	Firmitudo, Vivacitas
굳어 가다	Induresco, Rigesco
굳은	Durus, Firmus, Rigidus, Robustus
굳음	Duritia, Rigiditas, Rigor
굴(窟)	Antrum, Caverna, Latebrae, Latibulum, Specus, Spelunca
굴레	Habenae
굴레 벗은	Effrenatus
굴통나무	Axis
굵어지다	Crassesco
굵은	Crassus, Famelicus, Jejunus
굵음	Grossitudo
굼틀굼틀 기다	Serpo
굽	Ungula
굽게 하다	Curvo, Incurvo, Obliquo

굽다	Asso, Coquo
굽어 듣다	Exaudio
굽은	Curvus, Obliquus, Pandus, Uncus
굽음	Curvamen, Flexus, Obliquitas
굽히다	Flecto, Incurvo, Inflecto, Lento, Reflecto
굽히지 못할	Inflexibilis
굽힐 만한	Flexibilis
굽힘	Inflexio
궁구(窮究)하는 자(者)	Scrutator
궁구(窮究)하다	Considero, Rimor, Scrutor
궁구(窮究)하지 못할	Inscrutabilis
궁구(窮究)함	Perscrutatio, Scrutatio
궁리(窮理)하다	Attendo
궁진(窮盡)하다	Pereo
궁핍(窮乏)하다	Perscrutatio
궁핍(窮乏)한	Egenus, Indigens, Inops
궁핍(窮乏)함	Inopia, Penuria
궂은	Improbus, Malus
궂은 것	Malum
궂음	Improbitas
권(卷)	Tomus, Volumen
권(權)	Auctoritas, Ditio, Jus, Potestas, Validitas
권능(權能) 있게	Potenter
권도(權度)	Auctoritas, Dispensatio
권면(勸勉)	Hortamentum
권면(勸勉)하는 이의 말을 듣다	Accedo. Accedere suadentibus.
권면(勸勉)하다	Exhortor, Hortor
권면(勸勉)함	Exhortatio
권병(權柄)	Auctoritas, Imperium, Jurisdictio
권세(權勢) 있는	Potens

권(勸)하는 자(者)	Suasor
권(勸)하다	Hortor, Persuadeo, Suadeo
권(勸)함	Persuasio, Suasio
궐(闕)하다	Omitto
궐(闕)함	Omissio, Omissus
궤(櫃)	Arca
궤술(詭術)	Fraus, Insidiae
귀	Auditus, Auricula, Auris
귀걸이	Inaures
귀고리 가진	Torquatus
귀(句)글	Carmen, Poema, Poesis
귀(句)글 짓는 이	Poeta
귀(句)글 한 짝	Versus
귀(句)글의	Poeticus
귀글법(法)	Metrum
귀때기	Tempora, Tempus
귀막힌	Surdus
귀막힘	Surditas
귀신(鬼神)	Daemon
귀양	Exilium
귀양 간	Extorris
귀양 보내다	Exilium. In exilium mittere., Relego
귀양 보냄	Exportatio, Relegatio
귀양 사는 자(者)	Exsul *vel* Exul
귀양 살다	Exsulo *vel* Exulo
귀절(句節)	Paragraphus, Periodus, Phrasis, Stropha, Versiculus
귀(貴)한	Aureus, Carus, Dignus
귀(貴)한 옷	Praetexta
귀(貴)한 조상(祖上)	Prosapia
귀(貴)함	Caritas, Dignitas

귀화(歸化)함	Conversio
귀(貴)히	Care, Pretiose
귀(貴)히 여기다	AEstimo
귓바퀴	Auricula
규구(規矩)	Canon, Disciplina, Methodus, Norma, Placitum, Regula, Semis
규구(規矩) 있는	Regularis
규구(規矩)대로	Regulariter
규모(規模)	Exemplar, OEconomia
규모(規模) 있는	OEconomicus
그	Ille, Is, Iste
그 나머지는	Caetero
그 다음에	Deinde, Subinde
그 때문에	Propterea
그 사이에	Interea
그 수(數) 대로	Tot
그 연고(緣故)로	Propterea, Quamobrem, Quapropter, Quare
그 외(外)에	Ultra
그 후(後)에	Deinde, Exinde, Postea
그까짓	Quatenus
그끄저께	Nudius. Nudius quartus.
그늘	Umbra
그늘 끼우다	Obumbro
그늘지다	Adumbro
그늘지우는	Umbrifer
그늘지우다	Umbro, Inumbro
그늘진	Opacus, Umbrosus
그대로	Ita, Taliter
그도	Tum...cum
그때에	Tum, Tunc
그래도	Etiam, Tamen

그러나	Ast, At, Attamen, Esto, Secus, Tamen, Verum
그러나 다만	Verumtamen
그러냐	Siccine
그러면	Etenim
그러므로	Ergo, Utpote
그러한	Talis
그런고로	Idcirco, Quocirca, Quoniam
그런즉	Atqui, Porro
그럴지라도	Nihilominus, Verumtamen
그럴진대	Quatenus
그럼으로써	Perinde
그렇게	Sic
그렇다	Etiam, Ita
그렇지 아니하냐	Nonne
그렇지 않으면	Alioquin
그려내다	Depingo
그루터기	Truncus
그르치다	Deformom, Erro, Palor
그르친 것	Erratum
그르침	Error, Menda, Mendum
그른 도리(道理)	Paradoxon
그른 마음 가진	Malevolus
그릇	Improbe, Lagena, Mendose, Perperam, Vas
그릇 붓는 바탕	Conflatura
그릇 쓰다	Abutor
그릇 씀	Abusus
그릇되게 하다	Vitio
그릇한 것 있는	Mendosus
그리	Eo
그리다	Delineo, Depingo, Figuro, Lineo, Pingo

그리스당(基利欺當)	Christianus, Christicola
그리스도의	Christianus, Christicola
그림	Descriptio, Icon, Pictura
그림자	Figura, Umbra
그림쟁이	Pictor
그만	Duntaxat, Sat, Satis
그만 못하게	Pejus
그만 못한	Pejor
그물	Rete, Retiaculum, Sagena
그물질하다	Irretio
그밖에	Insuper, Praeterea, Quinetiam, Superquam
그와 같이	Perinde
그윽한 곳	Latebrae, Latibulum, Recessus, Secessus
그을린	Semiustus
그을음	Fuligo
그이다	Reticeo
그임	Reticentia
그저	Pure
그저께	Nudius. Nudius tertius.
그치게 하다	Comprimo, Interrumpo
그치다	Abeo, Abscedo, Absolvo. Absolvere instituta. Cesso, Consisto, Defluo, Des, Desisto, Insisto, Interrumpo, Resisto, Subsisto, Supersedeoino
그치치 않는	Incessabilis
그침	Cessatio, Interruptio
그침없이	Indesinenter
그후(後)에	Postquam
극기(克己)하다	Abstineo, Mortifico
극기(克己)함	Mortificatio
극(極)히 가까운	Proximus
극(極)히 괴로움 받다	Perpetior

극(極)히 누리다	Perfruor
극(極)히 밝은	Perlucidus
극(極)히 사랑하는	Peramans
극(極)히 아름다운	Perpulcher
극(極)히 악(惡)한	Pessimus
극(極)히 악(惡)한 계집	Vitilena
극(極)히 원(願)하다	Oppeto
극(極)히 좋게	Probatissime
극(極)히 힘써	Summopere
극(極)히 험(險)하게	Praefracte
근(斤)	Libra
근기(根基)	Fundamentum
근기(根基) 세우다	Fundo
근기(根基) 세움	Fundatio
근력(筋力)	Robur
근력(筋力) 있는	Nervosus
근력(筋力) 줄게 하다	Debilito
근본(根本)	Basis, Fundamentum, Origo, Proprie
근본(根本)으로	Primitus
근본(根本)의	Formalis, Nativus, Naturalis, Originalis
근사(近似)한	Germanus
근수(斤數)	Pondus
근실(勤實)한	Exactus, Gnavus
근실(勤實)함	Gnavitas
근실(勤實)히	Exacte
근심	Angor, Anxietas, Inquietudo, Moeror, Moestitia, Sollicitudo, Taedium, Tristitia
근심스러운	Luctuosus, Tristis
근심스럽게	Luctuose, Triste
근심으로	Anxie
근심케 하다	Moesto, Contristo

근심하는	Moestus
근심하다	Affligo, Moereo, Tristor
근심하여	Moeste
근심한	Aeger, Anxius, Cautus
근원(根源)	Fons, Origo, Principium, Sejunctim, Seminarium
글	Litteratura
글 동무	Condiscipulus
글러가다	Degenero
글씨	Litteratura, Scriptura
글씨 쓰는 이	Scriptor
글씨 쓰다	Scribo
글씨 씀	Scriptio
글자(字)	Character, Littera
글자(字)의	Litteralis
글제(題)	Thema
긁다	Frico, Scalpo
긁어 먹다	Rodo
금	Valor
금(金)	Aurum, Pretium
금(金) 장인(匠人)	Aurifex
금 치다	Aestimo, Taxo
금 침	AEstimatio
금빛나게 하다	Rutilo
금색(金色)의	Rutilus
금수(禽獸)	Animal
금 떨어뜨렸다	Abeo. Pretium retro abiit.
금(金)의	Aureus
금정(金定)함	Taxatio
금조(禽鳥)	Avis
금지(禁止)하다	Coerceo, Cohibeo

금치다	Appretio
금(金)칠하다	Auro, Deauro
금(金)칠한	Inauratus
금(禁)하다	Abstineo, Interdico, Prohibeo, Veto
금(禁)한 것	Vetita
금(禁)함	Restrictio
급(急)하게	Praecipitanter
급(急)하게 하다	Praecipito
급(急)하게 함	Praecipitatio
급(急)한	Celer, Praeceps, Rapidus
급(急)함	Rapiditas
급(急)히	Cito, Celeriter, Impetuose, Rapide
급(急)히 흐르는 시내	Torrens
긍련(矜憐)히 여기다	Misereor
기(旗)	Signum, Vexillum
기(旗) 잡는	Signifer
기계(器械)	Instrumentum, Machina
기구(奇句)	Apparatus
기구(祈求)	Oratio
기구(器具)	Pompa
기구(奇句) 있는	Pompalis
기구(祈求)하다	Precor
기구(祈求)함	Precatio
기는	Reptilis
기는 것	Reptile
기는 짐승 떼	Pecua, Pecus
기는 짐승 떼의	Pecuarius
기다	Repo
기다리다	Demoror, Exspecto, Opperior, Praestolor
기다림	Exspectatio, Praestolatio

기대다	Incubo
기도(祈禱)	Rogatio
기도(祈禱)하는 당(堂)	Oratorium
기도(祈禱)하다	Oro
기도(祈禱)하다	Rogo
기둥	Columna, Palus
기둥상투	Capitulum
기러기	Anser, Vipio
기록(記錄)	Mentio
기록(記錄)하다	Ascribo, Inscribo, Noto, Recordor
기록(記錄)한 것	Nota, Scriptum
기록(記錄)할 만한	Notabilis
기록(記錄)함	Inscriptio, Notatio
기롱(欺弄)하다	Deludo
기롱(欺弄)함	Derideo
기르는 자(者)	Nutritius
기르다	Alo, Depascor, Educo, Enutrio, Foveo, Nutrio, Pascor
기름	Adeps, Oleum
기름 바름	Unctio
기름살	Sagina
기름의	Oleagineus
기름짐	Pinguedo
기리는 글	Elogium
기리다	Commendo, Laudo
기릴 만한	Laudabilis
기림	Laus
기묘(奇妙)하게	Mirifice
기묘(奇妙)하게 하다	Mirifico
기묘(奇妙)한	Admirabilis, Mirabilis, Mirandus, Mirificus
기묘(奇妙)함	Magnalia

기묘(奇妙)히	Admirabiliter, Mirabiliter
기별(奇別)	Nuntium
기별(奇別)하다	Annuntio, Nuntio
기별지(奇別紙)	Ephemeris, Diarium
기뻐하는 자(者)	Alacer
기뻐함	Complacentia
기쁘게	Alacre, Alacriter, Festive
기쁘다	Complaceo
기쁜	Festivus
기쁨	Alacritas
기생(妓生)	Meretrix
기어다니다	Repo
기억(記憶)으로	Memoriter
기억(記憶)지 못할	Immemorabilis
기억(記憶)하는	Memor
기억(記憶)하는 표(表)	Memoriale
기억(記憶)하다	Commemoro, Memini, Memoro, Recordor, Relego, Reminiscor
기억(記憶)할 만한	Memorabilis, Memorandus
기억(記憶)함	Commemoratio, Recordatio, Reminiscentia
기와	Later, Tegula, Testa
기와 쪽	Rudus
기운(氣運)	Aer, Aura, Flatus, Sanitas
기울게	Proclive, Prone
기울어지게 하다	Proclino
기울어진	Declivis, Proclivis
기울어짐	Declivitas, Inclinatio, Propensio
기울이다	Inclino
기욺	Proclivitas, Pronitas
기움	Complementum, Supplementum
기워 갚다	Reparo, Resarcio

기워 깊을 만한	Reparabilis
기워 깊음	Reparatio
기이(奇異)한	Admirabilis
기이(奇異)히	Admirabiliter
기절(氣絶)하다	Excommunico
기절(氣絶)함	Excommunicatio
기진(氣盡)케 하다	Enervo
기진(氣盡)한	Enervis
기침	Tussis
기침하다	Tussio
기탄(忌憚)없는	Irreligiosus, Protervus
기탄(忌憚)없이	Impune, Proterve
기함(記含)	Memoria
기회(機會)	Occasio
기회(機會) 마땅치 않음	Importunitas
기회(機會) 맞지 않은	Inopportunus
긴	Diuturnus, Longus, Procerus, Productus
긴 막대	Palus
긴(緊)찮게	Importune
긴(緊)치 아니한	Importunus
긴(緊)치 아니함	Importunitas
긴(緊)한	Strictus
긴(緊)히	Stricte, Utiliter
긷다	Haurio
길	Aditus, Cursus, Iter, Trames, Via
길 가다가 머물다	Abrumpo. Abrumpere iter.
길 그릇 들다	Devio
길 없는	Invius
길 잃은	Devius
길거리	Platea, Vicus

길게	Fuse, Producte
길게 하다	Elongo, Produco, Prolongo, Protraho
길게 함	Productio
길기	Longitudo
길들다	Mitesco
길들이다	Cicuro, Domo, Mansuefacio, Mitigo
길들임	Mitigatio
길러내다	Enutrio, Fomento
길을 다니다	Iter. Iter facio.
길이	Longitudo, Proceritas
길(吉)하게	Fauste, Prospere
길(吉)한	Faustus, Favorabilis, Festus, Proseper
김 [*수증기]	Anhelitus, Vapor
김 [*풀]	Lolium, Zizania
김 나다	Vaporo
김나게 하다	Vaporo
깁다	Compenso, Compleo, Consuo, Expio, Reficio, Sarcio, Suo, Suppleo
깁지 못하는	Irremediabilis
깃	Pars, Penna, Pluma
깃 가진	Pennatus, Penniger
깃 없는	Implumis
깃대	Hasta
깃의	Plumeus
깊게	Profunde
깊은	Altus, Imus, Intimus, Profundus
깊은 구렁	Abyssus
깊은 데	Profundum
깊은 못	Abyssus
깊은 물구덩이	Gurges
깊은 바다	Pelagus, Salum

깊은 소(沼)	Vorago
깊은 잠	Arctus. Arctus somnus.
깊이	AlteIntime, Medullitus, Profunditas
깊이 깨닫다	Persentio
깊이 묵상(默想)하는	Meditabundus
까마귀	Corvus
까지	Ad, Donec, Dum, Quoadusque, Tenus, Usque, Usquedum
깍지	Siliqua
깎다	Attenuo, Erado, Extenuo, Rado, Tenuo
깎여 나간 것	Ramenta
깔다	Consterno
깔다귀	Pulex
깜깜한	Caliginosus
깨끗하게	Honeste
깨끗한	Honestus, Mundus
깨끗함	Honestas, Munditia
깨닫다	Animadverto, Adverto, Cognosco, Percipio, Video
깨닫지 않는	Insensibilis
깨달음	Animadversio, Perceptio, Sensatio
깨뜨리는 자(者)	Ruptor
깨뜨리다	Confringo, Effringo, Infringo
깨뜨림	Fractio, Ruptio
깨어짐	Fractura
깨우다	Excito, Expergefacio, Suscito
깨지는 소리	Fragor
깨침	Diruptio
깨트리다	Frango
꺼내다	Extraho
꺼지게 못할	Inextinguibilis
꺼지게 할 수 없는	Inextinguibilis

꺾다	Confringo, Infringo
껍질	Cortex, Cutis, Pellicula, Siliqua
껍질 벗기다	Trituro
꼬느다	Corrigo
꼬리	Cauda
꼭대기	Apex, Cacumen, Culmen, Fastigium, Jugum, Summitas, Vertex
꼴	Pabulum
꼽다	Planto, Pango
꼿꼿이 선	Verticalis
꽁지	Cauda
꽂다	Figo
꽃	Flos
꽃동산	Viridarium
꽃밭	Viretum
꽃피다	Floreo
꽃피어 가다	Floresco
꾀	Artificium, Calliditas, Captio, Dolus, Fraus
꾀 많은	Astutus
꾀 있게	Callide
꾀 있는	Calldidus
꾀꼬리	Galbulus
꾀다	Allicio, Inesco, Persuadeo
꾀하다	Ambio
꾀함	Ambitus
꾐	Persuasio
꾸러미	Fasciculus
꾸며	Ornate
꾸미다	Como, Decoro, Fingo, Orno, Pallio
꾸민	Fictitius
꾸밈	Fictio, Ornatus

꾸어 가다	Mutuo, Mutuor
꾸어옴	Mutuatio
꾸중하다	Accuso, Compello
꾸짖다	Accuso, Compello, Exprobro, Increpo, Insector, Reprehendo, Vitupero
꾸짖을 만한	Reprehensibilis
꾸짖음	Increpatio, Reprehensio
꿀	Mel
꿀 흐르는	Mellifluus
꿀같은	Melleus
꿀벌	Apis
꿀의	Melleus
꿇다	Flecto
꿇어 있다	Geniculo
꿈	Somnium
꿈꾸다	Somnio
꿈쟁이	Somniator
끄다	Extinguo
끄덕이다	Annuo
끈	Chorda, Corrigia, Funiculus, Restis, Taenia, Vinculum et Vinclum
끈끈한	Glutinosus
끊는 듯이	Praecise
끊는 듯한	Praecisus
끊는 자(者)	Ruptor
끊다	Dirumpo vel Disrumpo, Distraho, Rumpo, Seco, Trunco
끊어 버리다	Abrumpo, Desero, Excommunico, Renuntio
끊어버림	Renuntiatio
끊어진	Praecisus, Ruptio
끌	Scalprum, Stilus vel Stylus, Viriculum

끌다	Abigo, Protraho
끌어내다	Amoveo
끓는	Fervidus
끓다	Bullio, Ebullio, Ferveo
끓음	Effervescentia
끔찍이	Summe
끙하다	Mutio
끝	Apex, Aculeus, Acumen, Cacumen, Cuspis, Extremitas, Imus, Stimulus
끝 뽀족한 돌기둥	Pyramis
끝내다	Termino, Cuspido
끝냄	Extractio
끝에	Novissimus, Ultimo
끝에 있는 점	Comma
끼우다	Insero, Interpono
끼치다	Lego, Transmitto
끼친 재물(財物)	Successio
끼침	Transmissio

나

나	Ego, Aetas
나 들은대로	Accipio. Sicuti ego accepi.
나가다	Abeo, Abscedo, Cedo, Decedo, Discedo, Egredior, Excedo, Exeo, Secedo
나감	Egressus, Excessus, Exitus, Receptus
나귀	Asinus, Nidulus
나귀 새끼	Asellus
나귀 소리 내다	Rudo
나그네	Peregrinus
나누다	Distraho, Divido, Partior, Secludo, Sequestro
나누다	Divido
나누어 내다	Contribuo
나누지 아니한	Indivisus
나눈 것 또 나눔	Subdivisio
나눌 만한	Divisibilis, Separabilis
나눌 수 없는	Individuus
나눔	Divisio, Fractio, Partitio
나눠주다	Assigno, Distribuo, Expenso
나눠줌	Distributio

나는	Volatilis, Volucer
나다	Exorior, Nascor, Orior, Provenio
나다님	Excursio
나라	Imperium, Monarchia, Natio, Regnum
나른하다	Torpeo, Torpesco
나른함	Torpedo, Torpidus
나를 위(爲)하여 너의 것이 되었다	A. Hoc factum est a me. (Cic.)
나맥(裸麥)	Triticum
나무	Arbor, Lignum
나무 싹	Gemma
나무 항열(行列)	Stemma
나무궤(櫃)	Capsa
나무꾼	Lignarius
나무라다	Exprobro, Objurgo, Reprobo
나무람	Reprobatio
나무순	Surculus
나무의	Ligneus
나무줄기	Stipes, Stirps
나무진(津)	Viscum
나물	Olus
나뭇가지를 꺽다	Abrumpo. Abrumpere ramos.
나뭇잎 먹는 벌레	Eruca
나발(喇叭)	Buccina, Tuba
나발(喇叭) 불다	Buccino, Clango
나병(嬭餠)	Caseus
나비	Papilio
나사렛 사람	Nazaraeus
나아가다	Concedo, Melioresco, Pergo, Procedo, Prodeo, Proficio, Progredior
나아감	Processio, Processus, Profectus, Progressio, Progressus

나약(懦弱)하다	Torpeo, Torpesco
나약(懦弱)하여가다	Mollesco
나약(懦弱)한	Mollis, Iners
나오다	Egredior
나와 같이 생각지 아니하다	Absum. Abest a sententia mea.
나은	Melior, Praestans, Satior
나의	Meus
나이	AEtas
나이 많은	Grandaevus
나이로	Natu
나중에	Demum, Denique, Extremo, Novissime, Postremo, Supremo, Tandem, Ultimo
나직히	Submisse
나창(癩瘡)	Lepra, Vitiligo
나창(癩瘡) 앓는 자(者)	Leprosus
나타나 보이는 흉상(凶相)	Spectrum
나타나다	Appareo, Emineo, Erumpo, Innotesco, Pareo, Prodeo
나타난	Manifestus
나타남	Apparentia
나타내다	Demonstro, Manifesto, Patefacio, Profero
나태(懶怠)한	Socors, Torpidus, Veternosus
나태(懶怠)함	Torpedo
나하고 너하고 같이 생각지 아니하고	Ac. Aliud mihi ac tibi videtur.
나흘	Quatriduum
나흘의	Quatriduanus
낙명(落名)	Infamia
낙명(落名)한	Infamis
낙서(落書)	Menda
낙심(落心)하다	Abeo. Spes abiit., Despero, Despondeo
낙심(落心)하여	Desperanter

낙심(落心)함	Desperatio
낙태(落胎)	Aborto
낙태(落胎)하다	Aborto
낚시	Hamus
낚시질하다	Hamus. Hamo piscari.
낚싯대	Calamus
낚싯밥	Illecebra
난	Originarius, Oriundus, Ortus
난간(欄干)	Crates
난감(難堪)한	Taediosus
난감(難堪)히	AEgre
난도(亂刀)질하다	Dilanio
난리(亂離)	Bellum, Seditio
난리(亂離) 막는 자(者)	Propugnator
난리(亂離) 막다	Propugno
난리(亂離)하다	Belligero
날	Dies, Lux
날 것	Crudus
날 밝다	Lucet
날 새다	Diluculat, Illucesco
날 세우다	Acuo, Cuspido
날 세운	Acutus
날개	Penna
날다	Volo
날래게	Agiliter, Velociter
날랜	Agilis, Celer, Promptus, Strenuus, Velox
날램	Agilitas, Strenuitas, Velocitas
날마다	Quotidie
날아가다	Evolo
날아다니는	Volatilis

날아다님	Volatus
날의	Diurnus
날짐승	Ales, Volucris
날카로운	Acutus
날카롭게	Acute
낡은	Obsoletus
남	Nativitas, Ortus
남녀(男女) 교합(交合)함	Coitus
남다	Remaneo, Resto, Supero, Supersum
남류(男類)	Sexus
남방(南方)	Auster
남방(南方) 사람	Australis
남색(男色)	Mollitia
남생이	Testudo
남아 있는	Superstes
남아 있다	Resto, Supersum
남은	Caeterus, Reliquus, Residuus
남은 것	Reliquiae, Reliquum, Residuum
남음	Superfluitas
남지 못하는	Incapax
남편(南便)	Meridies
남편(男便)	Maritus
남편(南便)에 있는	Meridialis, Meridianus
남편(南便)의	Australis
남풍(南風)	Auster
납	Plumbum
납으로 때우다	Plumbo
납으로 한	Plumbeus
납의	Plumbeus
낫	Falx

낫게	Melius, Pluris
낫게 여기다	Praefero, Praeopto, Praepono, Praeverto
낫게 하다	Melioro, Sano
낫다	Praevaleo, Satius
낫지 못할	Insanabilis
낭	Praecipitium
낭비(浪費)	Prodigentia
낭비(浪費)하는	Prodigus
낭비(浪費)하다	Dissipo
낭비(浪費)하여	Prodige
낭비(浪費)한	Profusus
낭비(浪費)함	Dissipatio, Profusio
낭패(狼狽)	Damnum, Detrimentum, Pernicies
낮	Meridies
낮게	Demisse, Humiliter
낮게 보다	Contemno, Despicio
낮에	Interdiu, Subdiu
낮은	Demissus, Humilis, Submissus
낮음	Humilitas
낮추다	Demitto, Deprimo, Humilio, Imminuo, Submitto
낮춤	Demissio, Demissus, Humiliatio, Submissio
낯	Facies, Vultus
낱낱이 이르다	Enumero
낱으로 팔다	Divendo
낳다	Edo, Genero, Gigno, Pario, Procreo
낳음	Generatio
낳음이 없는	Ingenitus
내 [*냄새]	Fumus
내 [*我]	Ego, Meus
내 [*川]	Flumen

내 나다	Fumo
내 맡다	Odoror, Olfacio
내관(內官)	Cubicularius, Eunuchus
내기	Sponsio
내다	Edo, Elicio, Eruo, Produco, Profero, Promo
내닫다	Erumpo, Prorumpo
내려 놓다	Depono
내려 오다	Traditur
내려가다	Descendo, Fluo
내려박다	Defigo
내려보내다	Demitto
내력(來歷)	Generatio
내리다	Descendo, Trudo
내림	Descensio
내버리다	Abeo
내상(內想)	Idea
내어놓다	Depromo, Expono
내어놓음	Expositio
내어버리다	Abdico, Desero, Destituo
내어보내는	Emissarius
내어보내다	Emitto
내어보냄	Emissio
내어보이다	Exhibeo, Ostendo
내어보임	Ostensio
내어펴다	Promulgo
내어버림	Desertio, Projectus
내어줌	Deditio
내외(內外)	Conjux
내일(來日)	Cras, Postridie
내일(來日)의 것	Crastinus

내장(內臟) 끌어내다	Exentero
내종(內腫)	Vomica
내줌	Cessio
내쫓다	Expello
내치다	Ejicio
내침	Ejectio
냄	Productio
냄비	Sartago
냄새	Odor
냄새나게	Fetide *vel* Foetide
냄새나는	Fetidus *vel* Foetidus
냄새나다	Halo
냄새내다	Oleo, Redoleo
냉담(冷淡)	Tepor
냉담(冷淡)한	Tepidus
냉담(冷淡)히	Tepide
냉(冷)한	Frigidus
냉(冷)해지다	Frigesco
냐	Ne, Num, Numquid, Utrum
너	Tu
너그러운	Clemens, Generosus, Indulgens, Liberalis, Prolixus
너그러움	Clementia, Generositas, Indulgentia, Liberalitas
너그러이	Clementer, Generose, Indulgenter, Large
너그러이 베풀다	Largior
너른	Latus, Patulus, Spatiosus
너머	Trans
너무	Nimis
너무 과(過)히	Nimio plus
너무 일찍	Praemature
너의	Tuus

너희	Vos, Vester
너희들	Vos
너희의	Vester
넉넉게 하다	Suppedito
넉넉하다	Sufficio
넉넉한	Sufficiens
넉넉히	Sufficienter
널	Arca, Feretrum, Loculi, Tabula
널려가다	Latesco
널리	Fuse, Late, Spatiose
널리게 하다	Propago
널판	Axis
널판(板)	Tabula
넓게 하다	Amplifico
넓기	Amplitudo
넓은	Amplus, Grandis, Latus
넓음	Vastitas
넓이	Latitudo
넓히다	Dilato
넘게	Superflue
넘겨 보내다	Transmitto
넘다	Excedo, Redundo
넘어	Ulterius, Ultra
넘어가다	Transcendo, Transgredior
넘어지다	Accido, Dejicio, Succumbo
넘어지려 하다	Labo
넘어트리다	Everto, Profligo, Sterno
넘은	Superfluus
넘을 만한	Superabilis

넘음	Excessus
넘치게	Redundanter
넘치다	Exundo, Undo
넘침	Redundantia
넝쿨	Vitulamen
넣다	Immitto
네	Tuus
네 겹의	Quadruplex
네 겹치다	Quadruplico
네 말로 맨 수레	Quadriga
네 배(倍)되게 하다	Quadruplico
네 배(倍)되는	Quadruplex
네 배(倍)된	Quadruplus
네 번(番)	Quater
네 살의	Quadrimulus
네 쪽 난	Quadrifidus
네 해	Quadriennium
네 해의	Quadriennis
네가	Tu
네거리	Quadrivium
네모진	Quadratus
네모진 것	Quadratum
네발 달린 짐승	Quadrupes
네째로	Quarto
넷	Quatuor
넷 군사항오(軍士行伍)	Quaternio
넷씩	Quadrini, Quaterni
넷째	Quartus
년(年)	Annus
노 [*노끈]	Chorda, Funiculus, Funis, Ligamen, Ligatura

노(櫓)	Remus
노끈	Chordula
노는 곳	Lusorium
노는 날	Feria
노랗다	Flaveo
노래	Cantus
노래 선생(先生)	Praecentor
노래부르다	Cano
노래하는 무리	Chorus
노래하는 자(者)	Cantor
노래하다	Canto
노략(擄掠)	Incursus
노략(擄掠)질로	Populariter
노략(擄掠)하다	Incurso, Populor
노략(擄掠)한 물건(物件)	Praeda
노략(擄掠)함	Populatio
노루	Capreolus
노름	Ludus, Lusus
노름하다	Ludo
노새	Mulus
노역(奴役)	Servitium, Servitudo
노인(老人)	Presbyter, Senex
노자(路資)	Viaticum
노젓는 자(者)	Remex
노젓다	Remigo
노정기(路程記)	Itinerarium
노파(老婆)	Anus
노혼(老昏)한	Decrepitus
녹(祿)	Emolumentum, Salarium, Stipendium
녹다	Liquesco, Tabesco

녹두	Lens
녹여 붓다	Fundo
녹은	Tabidus
녹이다	Conflo, Dissolvo, Liquefacio, Liquo
녹임	Dissolutio, Fusio
논 갈다	Aro
논고랑	Sulcus
놀다	Ludo, Otior, Prodigo, Vaco
놀라게 하다	Stupefacio, Terreo, Terrifico
놀라다	Paveo, Stupeo, Stupesco
놀라운	Terribilis, Terrificus
놀라운 일	Facinus
놀라지 아니한	Imperterritus, Interritus
놀란	Attonitus, Timefactus
놀랍게	Terribiliter
놀래다	Consterno, Deterreo, Intento, Obstupesco
놀램	Stupor, Terror
놂	Lusus, Recreatio, Vacatio
농군(農軍)	Arator, Villa
농막(農幕) 다스리는 자(者)	Villicus
농막(農幕) 주다	Villico
농부(農夫)	Agricola, Arator, Cultor, Ruricola
농사(農事)	Cultura
농사(農事)하다	Colo
높게	Sublime
높다	Emineo
높여	Elate
높은	Amplus, Altus, Arduus, Celsus, Conspicuus, Elatus, Eminens, Excelsus, Procerus, Sublimis
높은 벼슬들	Potestates
높은 사람들	Proceres

높음	Eminentia, Excelsitas, Granditas, Proceritas
높이	Altitudo, Alte, Celsitudo, Eminenter, Excelse
높이 뛰어나다	Praeemineo
높이다	Attollo, Elevo, Exalto, Extollo, Levo, Magnifico, Sublimo, Superexalto
높임	Exaltatio
높힘	Elatio, Elevatio
놓다	Dimitto, Loco, Pono, Relaxo
놓음	Absolutio, Dimissio, Remissio
뇌성(雷聲)	Tonitru
뇌성(雷聲)하다	Tono
뇨	Num
누가	Aliquis, Quis
누구	Quis
누구든지	Quivis
누군지	Quisquam
누그러지다	Lentesco, Tardesco
누그러진	Lentus
누그러짐	Indolentia
누기(漏氣)	Humor
누룩	Fermentum
누룩 섞다	Fermento
누룩 없는 면병(麵餠)	Azymus
누르는 자(者)	Oppressor
누르다	Ango, Comprimo, Deprimo, Obruo, Opprimo, Premo
누르러지다	Flavesco, Palleo
누른	Flavus, Lividus, Luridus, Pallidus, Rutilus
누른빛되게 하다	Rutilo
누름 [*색깔]	Livor, Pallor
누름 [*압박]	Depressio, Oppressio, Pressio, Pressura, Suppressio
누릇하고 거뭇한	Russeus

누리는 이	Possessor
누리는 자(者)	Compos
누리다	Fruor, Possideo, Potior
누림	Possessio
누습(漏濕)하게	Humide
누습(漏濕)한	Humidus
누에	Bombyx
누이	Soror
누이다	Prosterno, Reclino, Sterno
눅기	Lentitudo
눅다	Lenteo
눅은	Fluidus, Lentus, Remissus, Segnis, Socors, Tardus
눅음	Socordia, Tarditas
눅이다	Detendo
눅일 만한	Solubilis
눈	Nix, Oculus
눈 같은	Niveus
눈 깜작이다	Nicto
눈 깜작임	Nictatio
눈 멀리다	Obcaeco
눈 어둡다	Caecutio
눈 오다	Ningit
눈가죽	Palpebra
눈동자	Pupilla
눈멀리다	Caeco
눈물	Lacrima
눈물 흘리다	Lacrymo, Lacrymor
눈병(病)	Ophthalmia
눈썹	Supercilium
눈앞	Conspectus

눈앞에	Coram
눈의	Niveus, Ocularis
눈짓함	Nutus
눈치 있는	Perspicax
눌르다	Opprimo
눌림	Oppressio
눕다	Cubo, Decumbo, Discumbo, Incubo, Incumbo, Jaceo, Recubo, Recumbo
뉘우치는	Poenitens
뉘우치다	Poenitet
뉘우치지 않는	Impoenitens
뉘우치지 않음	Impoenitentia
뉘우침	Poenitentia, Poenitudo
느끼다	Singultio
느낌	Singultus
느리게	Prolixe
늑방(肋方)	Latus
는	Ast, At, Autem, Equidem, Quidem, Vero
늘리다	Extendo, Multiplico
늘림	Extensio
늘어가다	Crebresco
늘어감	Incrementum
늘어진	Productus, Prolixus
늘어짐	Prolixitas
늙다	Veterasco
늙어가다	Senesco
늙은	Senex, Senilis, Vetustus
늙은 군사(軍士)	Veterani
늙은 여인(女人)	Anus
늙은이	Vetulus
늙은이 시골에 갔다	Abdo. Senex se rus abdidit.

늙음	Senecta, Senium
능(能)	Facultas, Ops, Potentia, Potestas
능(能) 없는	Impotens
능간(能幹)	Industria, Solertia
능간(能幹)하게	Industrie
능금	Malum
능금나무	Malus
능욕(凌辱)	Contumelia, Ignominia, Opprobrium
능욕(凌辱) 아니하다	Abstineo. Se maledictis abstinere.
능욕(凌辱)스러운	Opprobriosus
능욕(凌辱)으로	A. Ab irrisu. (Liv.)
능욕(凌辱)으로 받다	Accipio. Accipere ad contumeliam.
능욕(凌辱)하는	Contumeliosus
능욕(凌辱)하다	Opprobro, Subsanno
능욕(凌辱)함	Subsannatio
능(能)치 못한	Impos, Impossibilitas, Impotentia
능(能)하게	Perite
능(能)하다	Polleo
능(能)하지 못하다	Nequeo
능(能)한	Potens
능(能)히 하다	Possum, Queo
능(能)히 할	Possibilis
능(能)히 할 만함	Possibilitas, Potentia
늦게	Sero, Tarde
늦은	Serotinus, Serus
늦음	Tarditas
늦추다	Detendo, Laxo, Relaxo
늦춤	Dilatio, Relaxatio
니회(泥灰)	Caementum
닙	As

다

다	Indiscriminatim, Omnis, Quidquid, Totus
다 긷다	Exhaurio
다 깨트리다	Perfringo
다 된	Perfectus
다 드리다	Superimpendo
다 살펴보다	Perlustro
다 쓰다	Abutor
다 주다	Superimpendo
다 푸다	Exhaurio
다니다	Incedo
다듬다	Castigo, Levigo vel Laevigo, Polio
다람쥐	Mustela
다르게	Aliter, Dissimiliter, Diverse, Secus
다르다	Differo, Disto
다른	Alienus, Alius, Alter, Caeterus, Differens, Diversus
다른 데	Alibi
다른 때에	Alias
다른 이를 보지 아니하다	Abstineo. Abstinere oculos ab aliis.
다른 이를 악(惡)으로 이끌다	Abduco. Abducere aliquem ad nequitiam.

다름	Differentia, Discrimen, Dissimilitudo, Diversitas
다리	Crus, Femur, Pons, Tibia
다리 병신(病身)	Mancus
다리다	Alligo
다만	Attamen, Dummodo, Modo, Necnon, Nonnisi, Solum, Tamen, Tantum, Tantummodo, Tenus, Unice
다사(多事)스러운	Curiosus
다사(多事)한	Negotiosus
다사(多事)함	Curiositas
다사(多事)히	Curiose
다섯	Quinque
다섯 번(番)	Quinquies
다섯 살	Quimatus
다섯 해	Quinquennium
다섯 해 동안	Lustrum
다섯 해의	Quinquennis
다섯씩	Quini
다섯은	Quinto
다섯째	Quintus
다소(多少)	Quantitas
다스리는 권(權)	Jurisdictio, Moderator, Rector, Regnator
다스리다	Administro, Curo, Guberno, Moderor, Regno, Rego
다스릴 만한	Curabilis
다스림	Administratio, Cura, Moderamen, Procuratio, Regimen
다시	Deinceps, Denuo, Iterato, Iterum, Rursum
다시 가보다	Reviso
다시 가지다	Reporto
다시 견고(堅固)케 하다	Refocillo
다시 고치다	Reformo
다시 고침	Reformatio
다시 나게 하다	Resuscito

다시 나다	Renascor
다시 낳다	Regenero
다시 낳음	Regeneratio
다시 떨어지다	Relabor
다시 말다	Revolvo
다시 살게 함	Resuscitatio
다시 살아나다	Revivisco
다시 살핌	Revisio
다시 상고(詳考)하다	Retracto
다시 상고(詳考)함	Retractatio
다시 새롭게 하다	Renovo
다시 새롭게 함	Renovatio
다시 세(洗) 붙이다	Rebaptizo
다시 쓰다	Rescribo
다시 알아보다	Recognosco
다시 인(印)치다	Resigno
다시 일으키다	Relevo
다시 잡다	Resumo
다시 조성(造成)하다	Recreo
다시 짓다	Reaedifico
다시 푸르러지다	Reviresco
다시 하다	Reitero
다시 혼배(婚配)하다	Renubo
다음	Posterior
다음에	A. Secundus a rege.
다음의	Subsequens, Secundarius
다침	Contusio
다투기 좋아하는	Litigiosus
다투다	Certo, Colluctor, Contendo, Dimico, Discepto, Jurgo, Litigo, Rixor
다툼	Certamen, Colluctatio, Disputatio, Jurgium, Lis, Rixa, Seditio

다하다	Absolvo, Conficio, Exhaurio, Exsolvo, Finio, Perago, Perficio, Perpetro
다함	Carentia
다함이 없는	Inexhaustus
다행(多幸)한	Faustus, Felix, Fortunatus
다행(多幸)함	Felicitas
다행(多幸)히	Feliciter, Fortunate
다행(多幸)히 살다	Supervivo
닦다	Colo, Emendo
닦음	Cultura, Cultus
단 [*달콤한]	Dulcis, Melleus, Suavi
단 [*묶음]	Serta, Fascis, Fasciculus, Manipulus
단(壇)	Altare
단검(短劍)	Pugio, Sica
단단케 하다	Duro
단단한	Durus, Validus
단단함	Validitas
단단히	Restricte, Stricte, Valide
단단히 조이다	Perstringo, Stringo
단련(鍛鍊)하다	Purgo
단련(鍛鍊)한	Putus
단련(鍛鍊)할 만한	Purgabilis
단복(單腹)	Hydropisis
단산(斷産)한	Abortivus
단자(單子)	Catalogus
단장(丹粧)하는 것	Ornamentum
단정(端正)	Honestas
단정(端正)치 않게	Immodeste
단정(端正)치 않은	Immodestus
단정(端正)한	Modestus
단정(端正)함	Decentia, Modestia, Pudicitia
단정(端正)히	Honeste, Modeste, Pudenter, Pudice

단추	Globulus
닫다	Claudo
달	Luna, Mensis
달거리 병	Lunaticus
달게	Dulce, Dulciter
달구지	Curriculum
달다 [*맛]	Dulcesco
달다 [*매달다]	Appendo, Pendo, Pondero, Suspendo
달라 하다	Peto, Posco
달래다	Permulceo
달려가는	Fugax
달려가다	Curro, Deduco, Duco, Perduco, Propero
달려감	Cursus, Ductio
달려들다	Confugio, Impeto, Incesso, Incurro, Ingruo, Insilio, Invado, Irruo, Perrumpo, Prorumpo, Recurro
달려듦	Impetus, Incursus, Recursus
달려오다	Accurro, Perduco
달리	Ac. Aliter ac., Aliter
달리 되면	Accido. Si secus accidat.
달리다	Dependeo, Impendeo, Pendeo, Suspendeo
달린	Pendulus, Pensilis, Suspensus
달림	Decursus
달아나는	Fugax
달아나다	Fugio, Profugio, Refugio
달아둠	Suspensio
달아매다	Suspendo
달아보다	Appendo, Expendo, Penso, Pondero
달아볼 만한	Ponderabilis
달아봄	Pensio, Ponderatio
달아지다	Dulcesco
달음박질하다	Curro
달인 약(藥)	Potio

달팽이	Cochlea, Limax
닭	Gallus
닮	Dulcedo, Suavias
담 [*벽]	Murus, Paries
담(膽)	Fel
담(痰)	Humor
담(膽) 없는	Ignavus
담(膽) 없음	Ignavia
담(膽) 없이	Ignave
담(膽) 없이	Timide
담(膽) 적은	Pavidus, Pusillanimis, Timidus
담(膽) 적음	Pusillanimitas
담기다	Commisceo
담긴	Contentus
담다	Contineo, Farcio, Infero
담대(膽大)한	Audax, Interritus, Intrepidus
담대(膽大)함	Audacia
담대(膽大)히	Audacter, Intrepide
담력(膽力)	Audacia
담박(淡泊)한	Temperans
담배	Tabacum
담배 피우다	Fumigo
담소(膽小)함	Timiditas
담소(膽小)히	Timide
담아두다	Imbuo, Insinuo, Introduco
닷돈 중(中)	Semuncia
당(堂)	Aedes, Aedificium, Templum
당기는	Intentus
당기다	Contendo, DepromoIntendo, Protendo, Tendo, Vello
당김	Tensio
당면(當面) 못하는	Inaccessus

당면(當面)하다	Incurro
당면(當面)하여	Contra
당삭(當朔)	Fiscina
당연(當然)하게 하다	Promereo
당연(當然)한	Condignus
당연(當然)히	Merito
당(當)찮게	Improprie, Indebite
당(當)찮은	Improprius
당(當)치 않게	Immerito
당(當)치 않은	Immeritus, Indebitus
당(當)하다	Advenio, Experior, Pertingo
닻	Anchora
닿다	Applico, Attingo, Conjungo, Contingo, Haereo, Injungo, Jungo, Pertingo, Tango
닿음	Applicatio, Mulcedo
대	Arundo
대(代)	Saeculum, Seculum vel Saeculumm
대개(大槪)	Aliquatenus, Ceu, Circa, Circiter, Fere, Moraliter, Quia
대국(大國)	Monarchia
대궐(大闕)	Palatium, Regia
대노(大怒)하는	Furens, Furo
대다	Denuntio
대단한	Ingens, Vehemens
대단함	Enormitas, Vehementia
대단히	Enormiter, Valde, Vehementer
대단히 굳은	Praedurus
대단히 살찐	Praepinguis
대단히 어려운	Praedifficilis
대단히 엄(嚴)하게	Praefracte
대단히 요란(搖亂)하게	Procellose
대단히 큰	Enormis, Praegrandis
대답(對答)	Responsum

대답(對答)하다	Refero, Respondeo
대답(對答)하여 쓰다	Rescribo
대답(對答)함	Responsio
대례(大禮)	Solemnitas
대례(大禮)의	Solemnis
대로	Juxta, Prout, Secundum
대롱	Tubus
대리(大吏)	Dictator
대리(代理)하는	Vicarius
대리관(代理官)	Vicarius
대립(對立)하다	Substituo, Suppono
대립(對立)함	Substitutio
대마루	Fastigium
대목(大木)	Structor, Tignarius. Tignarius faber.
대문(大文)	Textus
대부(代父)	Patrinus
대사(大事)	Solemnitas
대수롭지 않다	Parvi. Parvi refert.
대신(大臣)	Aulicus, Senator
대신(代身) 다스리다	Administro
대신(代身) 세움	Substitutio
대신(代身) 시키다	Substituo
대신(大臣)들	Magnater, Optimates
대신(大臣)의	Senatorius
대신(代身)한 자(者)	Vicarius
대악(大惡)	Scelus
대야	Labrum, Pelvicula
대완구(大碗口)	Canon, Tormentum. Tormentum bellicum.
대임	Contactus
대장(大匠)	Ferrarius, Fictor
대재(大齋)	Jejunium

대재(大齋) 지키다	Jejuno
대저(大抵)	Plerumque
대적(對敵)하는	Adversus
대적(對敵)하는 자(者)	Adversarius
대적(對敵)하다	Adversor, Obsisto, Obsto, Oppono, Renitor, Resisto, Subsisto
대적(對敵)하여	Adversus, Contra
대적(對敵)함	Adversum
대접	Paropsis, Patena
대접(待接)하다	Accipio., Accipere hospitio., Tracto
대접(待接)함	Receptio
대죄(大罪)	Facinus, Scelus
대죄(大罪) 범(犯)한	Scelestus
대천신(大天神)	Archangelus
대총(大總)	Circiter
대컨	Enim, Nimirum, Scilicet, Videlicet
대통(大痛)	Acer. Acer dolor.
대패	Runcina
대패침(鍼)	Scalpellum
대풍창(大風瘡)	Lepra
대(對)하여	Erga, Versus
대해(大海)	Oceanus
대회장(大會長)	Abbas
대휘(臺揮)	Pallium
댁(宅)	Aedes, Palatium
댕기	Fascia, Infula, Vitta
댕기촌충(寸虫)	Taenia
더	Magis, Plus, Potius, Ulterius, Ultra
더 가까운	Propior
더 가까이	Propius
더 궂은	Deterior
더 그른	Deterior

더 나은	Potior
더 낮은	Deterior
더 넘어 있는	Ulterior
더 늙은	Senior
더 능(能)한	Potior
더 다시	Amplius
더 단단히 묶다	Arctus. Arctius vincere.
더 더디던지 더 속(速)하든지	Ocius. Serius ociusve.
더 맑게	Meracius
더 먼	Ulterior
더 멀리	Ulterius
더 빠른	Ocior
더 생활(生活)하게	Vividius
더 성하여지다	Recrudesco
더 속(速)히	Ocius
더 속에	Interius
더 순전(純全)히	Meracius
더 아래	Inferius
더 악(惡)하게	Pejus
더 악(惡)한	Nequior, Pejor
더 안정(安定)케	Pacatius
더 애둘러	Sinuosius
더 원(願)하다	Malo
더 원(願)할 만하게	Optabilius
더 위에	Superius
더 일찍	Ocius
더 일찍인	Ocior
더 작게	Minus
더 작은	Minor
더 저물거나 더 일찍이나	Ocius. Serius ociusve.
더 젊은	Junior

더 족(足)하다	Satius
더 큰	Major
더 평안(平安)히	Pacatius
더디	Tarde
더디게	Lente
더디게 하다	Tardo
더딤	Tarditas
더러운	Fetidus *vel* Foetidus, Foedus, Immundus, Inhonestus, Obscenus, Sordidus, Squalidus, Turpis
더러운 것	Spurcitia
더러운 냄새나다	Feteo *vel* Foeteo
더러움	Foeditas, Immunditia, Inquinamentum, Obscenitas
더러워지다	Sordeo
더럽게	Foede, Immunde, Obscene, Sordide, Squalide
더럽게 하다	Contamino, Inquino
더럽다	Squaleo
더럽혀지지 않은	Incoinquinatus
더럽히는 자(者)	Violator
더럽히다	Coinquino, Contamino, Foedo, Inquino, Polluo, Prostituo, Stupro, Temero, Violo
더럽히지 아니한	Impollutus
더럽힘	Coinquinatio, Pollutio, Prostitutus, Violatio
더미	Strues
더불어	Cum
더불어 가다	Comitor
더욱	Immo *vel* Imo, Magis, Plus
더운	Calidus
더움	Calor
더워지다	Incalesco
더위	Aestas, Aestus, Calor
더하다	Accendo, Adhibeo, Addo, Adjicio, Amplifico, Augeo, Suppleo

더하여 가다	Augesco, Glisco
더함	Additio, Applicatio
덕(德)	Qualitas
덕행(德行)	Virtus
던져버리다	Projicio
던져버림	Rejectio
던지다	Abjicio, Conjicio, Dehisco, Injicio, Jacio, Jaculor, Jacto, Projicio
던질 만한 것	Missile
던짐	Jactus, Projectio
덜다	Abbrevio, Demo, Diminuo, Minuo, Subduco, Subtraho
덜된	Imperfectus, Inexpletus
덜됨	Imperfectio
덜어지다	Decresco
덜익은 곡식(穀食)	Seges
덞	Deductio
덥게	Calide
덥게 하다	Calefacio
덥기	Calor
덥다	Caleo
덩어리	Racemus
덩이	Massa, Sphaera
덮개	Operculum, Tegmen, Tegumen
덮는 것	Operimentum, Opertorium, Tegmen
덮다	Cooperio, Obtego, Operio, Tego
덮어 말하다	Excuso
덮어두다	Consterno
덮어주다	Cooperio, Tego
덮은 것 벗기다	Discooperio
데려가다	Abduco
데리고 가다	Comitor

도	Pariter, Quoque
도 아니	Nec
도 아니냐	Necne
도(道)	Provincia
도감(都監)	Praetor
도금(鍍金)	Aureus
도금(鍍金)하다	Auro, Deauro
도금(鍍金)한	Inauratus
도깨비	Phantasma
도끼	Ascia, Securis
도랑	Canalis, Fossa, Rivulus
도령	Caelebs
도로	Denuo, Retro
도로 가다	Repeto, Retroeo
도로 가시다	Refero
도로 가져가다	Reporto
도로 구(求)하다	Repeto
도로 끌어내다	Retraho
도로 나가다	Recedo, Regredior
도로 나감	Regressus
도로 달려가다	Reduco
도로 달려오다	Reduco
도로 당기다	Retraho
도로 두다	Repono
도로 떨어지다	Recido
도로 떨어진	Recidivus
도로 뛰어 나오다	Resilio
도로 미끄러지다	Relabor
도로 비추다	Repercutio
도로 살아난	Redivivus
도로 얻음	Recuperatio

도로 오다	Regredior
도로 재촉하다	Reposco
도로 접다	Replico
도로 접음	Replicatio
도로 주다	Reddo, Retribuo
도로 줌	Redditio
도로 찾다	Recupero
도로 치다	Repercutio
도로 침	Repercussio
도로 틀다	Retorqueo
도록	Donec, Dum, Usque, Usquedum
도륙(屠戮)	Caedes, Internecio
도륙(屠戮)함	Strages
도리(道理)	Doctrina
도리(道理) 있는 말모둠	Syllabus
도리깨	Flagellum
도리깨질하다	Flagello
도리어	Contra, Contrarie, Econtra, Secus
도리어 더욱	Quinimo
도리제목(道理題目)	Thesis
도마뱀	Lacerta
도망(逃亡)	Fuga
도망군(逃亡軍)	Transfuga
도망(逃亡)케 하다	Fugo
도망(逃亡)하는	Fugitivus, Profugus
도망(逃亡)하다	Evado, Profugio
도망함	Evasio
도모(圖謀)하다	Ambio, Molior
도모(圖謀)함	Ambitus
도무지	Generatim, Tandem, Universe
도문(禱文)	Litaniae

도야지	Porcus, Sus
도야지 소리	Grunnitus
도야지의	Porcinus, Suillus
도와주다	Accedo. Accedere alicujus conatibus., Juvo, Secundo, Sublevo, Subvenio, Suppetior
도움	Adjumentum, Auxilium, Juvamen, Opitulatio, Ops, Praesidium, Subsidium
도읍(都邑)	Curia
도적(盜賊)	Fur, Latro
도적(盜賊)의	Furtivus
도적(盜賊)질	Furtum
도적(盜賊)질하다	Furor, Intercipio
도지(賭地)	Redditus
도지(賭地)주다	Loco
도처(到處)에	Vulgo
도총(都總)	Summarium
도총(都總)으로	Summatim
도총제목(都總題目)	Synopsis
도토리	Glans
도포(道袍)	Toga
도합(都合)	Summa
도합(都合)함	Additio
도회(都會)	Curia
도회청(都會廳)	Curia
독 [*항아리]	Dolium
독(毒)	Venenum
독(毒) 든	Venenatus
독기(毒氣)	Virus
독기(毒氣) 있는	Venificus
독사(毒蛇)	Coluber, Vipera
독사(毒蛇)의	Vipereus
독수리	Vultur

독약(毒藥)	Venenum
독약(毒藥) 가진	Venificus
독(毒)한	Venenatus
독(毒)한 냄새	Acer. Acer odor.
독(毒)한 냄새나는	Graveolens
독(毒)한 벌(罰)	Acerbus. Acerbissimae poenae.
독(毒)한 형벌(刑罰)	Acer. Acre supplicium.
독(毒)함	Feritas
돈	As, Mammona, Moneta, Mutuum, Numisma, Nummus, Pecunia
돈 이름	Mna
돈고(庫)	Gazophylacium
돈광	AErarium
돈궤(櫃)	Loculi
돋는	Oriens
돋다	Oborior, Orior
돋우다	Excito, Provoco
돋움	Cussinus, Provocatio, Scamnum
돌	Lapis, Petra, Rupes, Saxum
돌 많은	Petrosus
돌날	Anniversarium
돌다	Gyro
돌다리 기둥	Pila
돌담	Caementum
돌려 가며	Alternatim
돌려 가며 하다	Alterno
돌려 보내다	Remitto
돌려 보(報)하다	Renuntio
돌려 생각하다	Reflecto
돌려 틀다	Contorqueo
돌로 던지다	Lapido
돌로 팔매질하다	Lapido

돌리다	Gyro, Roto
돌림	Versio
돌보게 하다	Propitio
돌보는	Favorabilis, Propitius
돌보는 자(者)	Fautor
돌보다	Curo, Faveo
돌봄	Favor, Propitiatio
돌아 다니다	Pererro
돌아 봄	Respectus
돌아가다	Remeo, Revertor
돌아간	Redux
돌아다니는 별	Planeta
돌아다니다	Lustro, Obeo, Peragro, Perambulo
돌아다님	Lustratio
돌아보다	Consulo, Respecto, Respicio
돌아오다	Redeo, Revertor
돌아온	Redux
돌아옴	Reditus, Regressus, Reversio
돌의	Lapideus, Saxeus
돌이켜 소리지르다	Reclamo
돌이켜 소리지름	Reclamatio
돌이켜 피(避)하다	Averto
돌이키다	Verto
돎	Rotatio
돕는 자(者)	Adjutor, Fautor
돕다	Adjuvo, Auxilior, Faveo, Juvo, Opitulor, Secundo, Subsidior, Succurro, Suffulcio
돗자리	Velum
동갑(同甲)	Coaetaneus, Coaevus
동관(同官)	Collega
동년(同年)	Coaetaneus, Coaevus
동록(銅綠)	Rubigo

동록(銅綠)슨	Rubiginosus
동록(銅綠)슬다	Rubigino
동료(同僚)	Collega
동무	Collega, Comes, Compar, Socialis, Socius, Sodalis
동무하다	Societas
동무할 만한	Sociabilis
동문수업(同門修業)한 자(者)	Condiscipulus
동방(東方)	Aurora
동복(同腹)의	Uterinus
동부	Faba
동산	Hortus
동생	Frater, Natu. Natu minor.
동성(同姓)	Agnatus, Cognatus
동신(童身)	Virginitas
동신(童身)의	Virginalis, Virgineus
동심(同心)으로	Unanimiter
동심(同心)의	Unanimis
동심(同心)함	Unanimitas
동안	Cursus, Decursus, Intervallum, Spatium
동안 있는 대로	Quandiu
동여매다	Obligo
동옷	Tunica
동이	Amphora, Hydria, Metreta
동이다	Astringo, Constringo
동접(同接)	Condiscipulus
동접(同接)하다	Coeo
동정(童貞)	Virgo
동정지위(童貞之位)	Virginitas
동(東)트다	Diluculat
동편(東便)	Oriens
동편(東便)에 있는	Orientalis

동행(同行)하다	Coeo
돛대	Malus
되게	Spisse, Stricte
되게 매다	Stringo
되게 하다	Condenso, Redigo, Spisso
되는대로	Defunctorie
되다	Accido, Evado, Fio
되돌아 흐르다	Refluo
되불러오다	Revoco
되불러올 만한	Revocabilis
되불러옴	Revocatio
되어가다	Concresco
되어지다	Spissesco
되잡아 꾸짖다	Redarguo
됨	Densitas, Densus, Spissus, Strictus
두	Duo
두 곳 중(中)에 어디로	Utro
두 곳에 다	Utrobique
두 곳에로	Utrimque
두 길	Bivium
두 모양(模樣)으로	Dupliciter
두 번(番)	Bis
두 살	Bimatus
두 살 먹은	Bimus
두 살 된	Biennis
두 해	Biennium
두겁(頭匣)	Receptaculum
두골(頭骨)	Calvaria
두꺼비	Bufo
두꺼운	Crassus
두꺼워지다	Crassesco

두껍게	Crasse
두다	Colloco, Habeo, Loco, Pono, Possideo
두더지	Talpa
두덮음	Tegumen
두드러기	Vitiligo
두드러진	Eminens
두드러짐	Eminentia
두드리다	Contundo, Persono, Pulso
두량(斗量)	Mensura
두량(斗量)하는 자(者)	Mensor
두량(斗量)할 만한	Mensurabilis
두량(斗量)함	Mensio
두런두런하다	Mussito
두레	Situla
두려움	Formido
두려워하다	Expavesco, Formido, Timeo
두려워할 만한	Formidabilis, Terribilis
두려워함	Timor
두루	Circa, Circum
두루 다니다	Percurro, Perlustro
두루 보다	Circumspicio
두루 생각하다	Circumspicio
두루 생각함	Circumspectio
두루 주다	Circumfero
두루 향(向)하여	Quoquoversus
두루마기	Tunica, Chlamys
두루마기의	Talaris
두루마리	Volumen
두르게 하다	Converto
두목(頭目)	Dux, Praepositus, Praeses
두목(頭目)을 맡기다	Praeficio

두짝문(門)	Biforis, Valvae
두텁기	Crassitudo, Grossitudo
두호(斗護)하는 자(者)	Defensor, Propugnator
두호(斗護)하다	Defendo, Obtego, Patrocinor
두호(斗護)함	Defensio
둔(鈍)케 하다	Hebeto, Retundo
둔(鈍)하게 하다	Obtundo
둔(鈍)하여지다	Hebesco
둔(鈍)한	Hebes, Hebetudo, Obtusus
둘	Ambo, Binus, Duo, Duplex
둘 다	Uterque
둘 중에 어떤 이일런지	Utercumque
둘 중에 하나	Uter
둘 중에 하나도 아닌	Neuter
둘러	Circum
둘러 띠다	Circumfero
둘러 띤	Redimitus
둘러 막는 것	Vallum
둘러 막다	Vallo
둘러 안다	Circumplector
둘러가다	Circueo
둘러막다	Praesepio
둘러서다	Circumsto
둘러싸다	Involvo, Obsideo
둘러쌈	Obsidio
둘씩	Binus
둘이	Ambo
둘이 다	Uterque
둘이 싸움	Duellum
둘째	Posterior, Secundarius, Secundus
둘째로	Secundo

둘째로 여기다	Posthabeo
둥근	Rotundus
둥근 것	Globulus, Globus, Sphaera
둥글 만한	Volubilis
둥글게 하는	Tornatilis
둥글게 하다	Glomero, Rotundo, Torno
둥글다	Voluto
둥긂	Rotunditas
둥긋한	Convexus
뒤	Pone, Posteriora, Tergum
뒤 없는 걸상(床)	Subsellium
뒤 없는 신	Crepida
뒤꼭지	Cervix
뒤다	Sulco
뒤로	A. A tergo, Pone, Retro
뒤로 향(向)하여	Retrorsum
뒤섞다	Permisceo
뒤섞어	Promiscue
뒤섞인	Promiscuus
뒤에	Post
뒤에 두다	Postpono
뒤집다	Inverto, Reversor, Subverto, Verso, Verto
뒤집어	Praepostere
뒤집어 엎음	Perversio
뒤집어 엎치다	Perverto
뒤집음	Inversio, Subversio
뒤치락자치락	Susquedeque
뒤틀려	Tortuose
뒤틀린	Tortuosus
뒷걸음하다	Retrocedo, Retroeo
뒷발질하다	Recalcitro

드러나게	Aperte, Manifeste, Patenter, Propalam, Publice
드러나게 하다	Declaro, Publico
드러나게 함	Declaratio
드러나다	Notesco, Pateo
드러난	Manifestus, Notorius, Publicus
드러내는 자(者)	Proditor
드러내다	Detego, Discooperio, Divulgo, Enuntio, Manifesto, Ostendo, Prodo, Revelo, Vulgo
드러냄	Manifestatio, Proditio, Revelatio
드리다	Affero, Dedico, Defero, Dico, Offero, Porrigo, Praesento
드린 것	Oblatio, Oblatum
드림	Oblatio, Porrectio, Praesentatio
드문	Infrequens, Rarus
드물게	Rare, Raro
드물게 하다	Rarefacio
드물어지다	Raresco
드묾	Raritas
득승(得勝)한	Victrix
득승(得勝)함	Victoria
듣는 자(者)	Auditor
듣다	Accipio, Audio, Ausculto, Exaudio
듣지 못한	Inauditus
들	Ager, Planities, Rus
들다	Effero, Promoveo
들리다	Percrebresco
들만지다	Contrecto, Tracto
들만질 만한	Tractabilis, Tractabilitas
들밭	Campus
들보	Trabes
들어	De
들어 던지다	Injicio

들어가 있다	Succedo
들어가다	Aggredior, Ineo, Ingredior, Intro, Introeo, Subeo
들어감	Aggressio, Ingressus, Introitus
들어오다	Intro, Introeo
들어올리다	Eveho
들어옴	Introitus
들여오다	Adduco
들올리브	Oleaster
들음	Auditio, Exauditio
들의	Campestris, Ruralis
들이불다	Inflo
들이치다	Incutio
들이흐르다	Influo
들짐승 우리	Vivarium
등	Dorsum, Tergum
등(藤) 넝쿨	Vimen
등거리	Indusium
등롱(燈籠)	Laterna
등(燈)불	Lampas, Lucerna
등뼈	Vertebra
등서(謄書)하다	Describo
등서(謄書)함	Descriptio
등(藤)으로 얽다	Vieo
등(藤)의	Vimineus
등잔(燈盞)	Lampas
등(藤)채	Vibex
등촉(燈燭)	Luminar
등판(登板)	Scabellum
따	Tellus
따다	Carpo, Decerpo, Stringo
따라 행(行)하다	Sector

따라 행(行)하다	Exsequor
따라가다	Abscedo, Comitor, Insector, Insequor, Obsequor, Sequor, Subsequor
따로	Privatim, Segregatim, Sejunctim, Seorsum, Separatim, Singillatim
따로 놓다	Sepono
따로 데리고 가다	Seduco
따로 두다	Secerno, Separo, Sepono
따로 둠	Separatio
따로 보존(保存)하다	Reservo
따르다	Consequor
따름	Sequentia
딱딱하는 소리내다	Crepo
딱딱하다	Crepito
딴은	Nimirum
딸	Filia, Natus
딸국질하다	Ructo, Singultio
딸꾹질	Singultus
땀	Sudor
땀내다	Sudo
땀냄	Sudatio
땀띠	Papula
땅	Solum, Tellus, Terra
땅덩이	Orbis
땅속의	Subterraneus
땅에	Humi
땅에 사는 자(者)	Terricola, Terrigena
땅의	Terrenus, Terrestris
땋다	Connecto
때	Hora, Labes, Macula, Sordes, Squalor, Tempus
때 아닌	Intempestivus
때리다	Plecto, Verbero

때림	Ictus, Verber
때맞게	Opportune
때맞추어	Tempestive
때맞춘	Tempestivus
때문	Ob
때묻지 아니한	Illibatus
때묻지 않은	Immaculatus
때묻히다	Maculo
때에	Cum *vel* Quum, Quando, Quum vel Cum
떠나 다니다	Peregrinor
떠나감	Decessus
떠나다	Decedo, Discedo, Proficiscor
떠남	Discessus, Peregrinatio, Profectio
떠는	Trepidus
떠돌아다니는	Errabundus, Vagus, Vegabundus
떠돌아다니다	Erro, Vagor
떠돌아다님	Vagatio
떠들다	Sublevo
떡장사 집	Pistrina
떡전(廛)	Pistrina
떨게 하다	Tremefacio, Tremo
떨기나무	Rubus
떨다	Concutio, Tremo, Trepido
떨리는	Tremulus
떨리는 모양(模樣)으로	Trepidanter
떨림	Fremitus, Tremor
떨며	Tremule
떨어지게 하다	Labefacio
떨어지는	Deciduus
떨어지다	Cado, Corruo, Crepo, Decido, Delabor, Excido, Illabor, Incido, Labor, Occido, Occumbo, Praecipito, Prolabor
떨어짐	Casus, Lapsus, Occasus, Praecipitatio

떪	Trepidatio
떫은	Acerbus
떫은 포도(葡萄)	Acerbus. Acerba uva.
떳떳이	Jugiter
떳떳한	Jugis, Perennis, Sempiternus
떳떳함	Perennitas
떼	Caterva, Examen, Grex, Legio, Multitudo, Turba, Turma
떼다	Resigno
떼어 놓다	Disjungo
떼어내다	Sejungo
떼어내지 못할	Inseparabilis
떼어냄	Sejunctio
떼지어	Gregatim
또	Ac, Et, Etiam, Insuper, Iterum, Que, Quoque, Vel
또 못	Nec
또 무슨 것	Ecquid
또 무엇	Ecquid
또 아니	Nec, Neque, Neve
또한	Accedo. Accedit quod, accedit ut., Immo vel Imo, Pariter, Secus
또한 아닌	Neu *seu* Neve
또한 여기	Ibidem
똑똑히	Distincte, Expresse, Presse
똥	Excrementum, Stercus
뚜드리다	Cudo
뚫다	Foro, Perfodio, Terebro
뚫어짐	Fixura
뚫을 만한	Penetrabilis
뛰다	Calcitro, Gestio, Palpito, Salio, Salto
뛰어가다	Curro, Praegredior
뛰어가며	Cursim

뛰어나가다	Prosilio
뛰어나게	Egregie, Excellenter
뛰어나다	Antecello, Emineo, Excello, Praecedo, Praesto, Proemineo, Supero, Vinco
뛰어나오다	Exsilio *vel* Exilio
뛰어난	Egregius, Excellens, Praestans, Supereminens
뛰어남	Excellentia, Praestantia
뛰어들다	Insulto
뛰어오다	Accurro
뛰어지나다	Transilio
뜀	Saltatio, Saltus
뜨거운	Ardens, Fervens, Igneus
뜨거워지다	Ignesco, Incalesco
뜨겁게	Ardenter, Ferventer, Fervide
뜨겁게 하다	Accendo, Inflammo
뜨겁다	Ardeo, Ferveo
뜨게 하다	Emergo
뜨다	Emergo, Nato
뜨뜻하게 하다	Tepefacio
뜨뜻하다	Tepeo
뜨뜻한	Tepidus
뜯다	Expedio, Mordeo
뜯어 먹다	Rodo
뜸메질하는	Petulans
뜸메질하며	Petulanter
뜸메질함	Petulantia
뜻	Intentio, Opinio, Sensus, Significatio, Voluntas
뜻 맞추다	Complaceo, Gratificor, Morigeror
뜻맞다	Placeo
뜻맞춤	Placentia
뜻밖에	Inopinate
뜻밖에 옴	Praeventus

뜻밖의	Insperatus
뜻하다	Opinor
띠	Cingulum, Praecinctura
띠다	Cingo, Gero, Praecingo, Succingo
띠어줌	Praecinctura
띰	Praecinctura

라

령(令)	Mandatum
로	A. A concivibus suis interemptus. (Cic.), A. A tergo., A. ab, abs, (prae. abl.)
루시퍼	Lucifer
류(類)	Genus, Sexus, Species
리(里)	Stadium
리(利)한	Acutus
림보(臨簿)	Limbus

마

마(魔) 들림	Obsessio
마개	Obturamentum
마구	Incaute, Inconsiderate, Indiscrete, Profane, Temerarie
마구 쓰다	Abutor
마구 씀	Abusus
마구 행(行)하는	Incautus
마구(馬廐)	Praesepe
마귀(魔鬼)	Daemon, Diabolus, Zabulus
마귀(魔鬼)를 쫓다	Exorcizo
마누라	Matrona
마는	Equidem
마늘	Allium
마다	Quisque
마당	Area
마디	Articulatio, Articulus, Junctura, Nodus
마땅치 아니한	Incongruens
마땅치 않다	Dedecet, Indeceo
마땅치 않은	Inconveniens

마땅하게	Competenter, Congruenter, Convenienter, Decenter, DigneIdonee
마땅하다	Decet, Expedit, Mereo, Mereor, Oportet, Opus est, Perfungor
마땅한	Conveniens, Decens, Dignus, Habilis, Idoneus
마땅한 때	Opportunitas
마땅함	Congruentia, Decentia
마땅히	Debeo, Merito
마땅히 죽을 자(者)	Capitalis
마련하다	Delibero
마루	Pinnaculum, Vestibulum
마루청(廳)	Tabulamentum
마르게	Sicce
마르게 하다	Exsicco, Sicco, Tabefacio
마르게 함	Siccatio
마르다	Areo, Tabeo
마르지 못할	Immarcessibilis
마른	Aridus, Inaquosus, Siccus
마른 음식(飮食) 먹음	Xerophagia
마른 짚	Palea, Stipula, Stramentum
마른 풀	Fenum *vel* Foenum
마름	Siccitas, Torror, Villicus
마방(馬房)	Stabulum
마병(馬兵)	Eques
마부(馬夫)	Mulio, Stabularius
마술(魔術)	Praestigiae
마술(魔術)하는 계집	Saga
마시게 하다	Poto
마시기를 청(請)하다	Propino
마시다	Absorbeo, Imbibo, Poto, Propino, Sorbeo
마실 것	Potus

마실 만한	Potabilis
마심	Absorptio, Haustus, Potatio, Potio
마을	Pagus, Suburbium, Vicus
마음	Animus, Cor, Praecordia
마음 거리낌	Scrupulus
마음 거슬려	Involuntarie
마음 기울여	Propense
마음 없이	Involuntarie
마음 큰	Magnanimus
마음대로	Quidvis
마음대로 말하다	Proloquor
마음에 거리끼는	Scrupulosus
마주	Adversus, Coram, Erga, Obviam
마주 가다	Obvio, Occurro, Oppeto
마주 오는	Obvius
마주 오다	Obvio
마지 못하여	Invitus
마지막	Denique, Imus, Supremus
마지막 번(番)에	Supremum
마지막은	Supremo
마지막째	Postremus, Ultimus
마치	Ceu, Juxta, Qualiter Quasi, Quemadmodum, Sicut, Tanquam, Velut
마치다	Consummo, Defungor, Exsolvo, Extermino, Finio, Patro, Perago, Perficio, Termino, Transigo
마친	Completus
마침	Consummatio, Extremitas, Finis, Terminatio
마침내	Tandem
마포(麻布)	Cannabis, Cannabum
마흔	Quadraginta
마흔 번(番)	Quadragies

마흔 살된	Quadragenarius
마흔씩	Quadrageni
마흔째	Quadragesimus
막(幕)	Casa, Tugurium
막는 것	Obstaculum
막다	Abigo, Claudo, Concludo, Excludo, Intrico, Obstruo, Obturo, Occludo
막대	Baculus, Fustis, Stipes, Vectis
막음	Exclusio
막힌	Obtusus
만	Solum
만나다	Invenio, Nanciscor, Reperio
만남	Obitus, Occursus
만두(饅頭)	Offa
만드는 자(者)	Auctor, Conditor, Sator
만든 것	Figmentum, Plasma
만들다	Condo, Conformo, Creo, Efficio, Fabrico, Fingo, Formo, Plasmo, Procreo
만듦	Confectio, Fabricatio, Formatio
만만코 아니	Nequaquam
만모(慢侮)	Contemptus
만모(慢侮)함	Despectio
만(灣)에	Intra
만일 부자(富者)되면	Abundo. Si quando abundare coepero.
만일(萬一)	Ac. Perinde ac., Si
만일(萬一) 다르게	Sin. Sin aliter.
만일(萬一) 아니	Sin
만일(萬一) 아니면	Nisi, Ni pro Nisi
만일(萬一) 어디	Sicubi
만일(萬一) 어떤 때에	Siquando
만일(萬一) 조금도 아니	Sin. Sin minus.

만족(滿足)한	Contentus, Satur, Saturitas
만지다	Contingo, Contrecto, Palpo, Pertracto, Tango
만지지 아니한	Intactus
만질 만한	Tangibilis
만짐	Contactus, Palpatio, Tactus
만회(挽回)치 못하는	Irrevocabilis
만회(挽回)하다	Revoco
만회(挽回)할 만한	Revocabilis
많게	Multum
많게 하다	Multiplico
많게 함	Multiplicatio
많다	Abundo
많은	Multus, Plurimus
많은 말	Multiloquium
많음	Abundantia, Multitudo
많이	Abundanter, Multo, Multum, Notabiliter, Spisse
많지 않은	Pauci
많지 않은 술	Villum
많지 않음	Paucitas
맏	Primaevus, Primogenitus
맏물	Primitiae
말 [*단위]	Modius
말 [*馬]	Equus
말 [*言]	Elocutio, Eloquium, Lingua, Verbum, Vocabulum
말 굼뜬	Taciturnus
말 똑똑히 하다	Articulo
말 막다	Interpello
말 많게	Verbose
말 많은	Linguosus, Loquax, Multiloquus, Verbosus
말 많음	Loquacitas

말 많이	Loquaciter
말 부르다	Dicto
말 불러주다	Dicto
말(馬) 소리	Hinnitus
말(馬) 소리하다	Hinnio
말 수다한	Verbosus
말 수다히	Verbose
말 아니하다	Musso, Mutesco
말 우기다	Contradico
말(馬) 울다	Hinnio
말 적은	Tacitus
말 지르다	Obloquor
말 참다	Obmutesco
말 타다	Equito
말 한마디	Syllaba
말게	Quominus
말기 위(爲)하여	Ne
말꾼	Mulio
말다	Intorqueo, Volvo
말뚝	Paxillus
말라	Ne
말라가다	Aresco, Siccesco
말로 그려내다	Enarro
말로 이르지 못할	Ineffabilis
말로 형용(形容)치 못할	Inenarrabilis
말리다	Arceo, Coerceo, Dissuadeo, Impedio, Obsto, Prohibeo
말리다	Arefacio
말림	Prohibitio
말미(末尾)	Indutiae
말벌	Vespa

말법(法)	Grammatica
말씀	Loquela, Sermo
말의	Verbalis
말(末)째	Extremus, Novissimus, Postumus, Ultimus
말(末)째의	Infimus
말하다	Aio, Dico, Fari, Inquam Loquor, Pronuntio, Sermocinor
말할 수 없는	Infandus
말함	Locutio, Sermocinatio
말갛게	Liquido, Luculente vel Luculenter
맑게	Pure
맑은	Clarus, Inturbidus, Limpidus, Luculentus, Purus
맑음	Limpiditas, Liquiditas
맛	Gustus, Sapor
맛 변(變)한	Vapidus
맛 알다	Sapio
맛보다	Gusto
맛없는	Insipidus, Insuavis, Insulsus
맛없이	Fastidiose
맛있게	Salse, Sapide, Suave
맛있는	Dulcis, Salsus, Sapidus, Suavi
맛있다	Sapio
맛있음	Suavias
망나니	Carnifex
망대(望臺)	Conspicillum
망덕(望德)	Spes
망령(妄靈)	Deliramentum
망령(妄靈)된	Vanus
망령(妄靈)된 말	Vaniloquentia
망령(妄靈)됨	Vane
망령(妄靈)됨	Vanitas

망신(亡身)	Dedecus, Infamia, Probrum
망신(亡身)시키는	Ignominiosus
망신(亡身)시키다	Dedecoro, Diffamo
망신(亡身)한	Infamis
망신(亡身)함	Propudium
망자(亡者)	Defunctus
망증(妄證)	Calumnia
망증(妄證)하다	Calumnior
망측(罔測)케 하다	Dedecoro
망치	Malleus
망(網)태	Pera, Saccus
맞게	Exacte, Proportionaliter
맞게 하다	Apto
맞는	Aptus, Congruus, Consentaneus, Consonus, Dignus, Exactus, Habilis
맞다	Concordo, Congruo, Convenio
맞싸움	Duellum
맞음	Convenientia, Proportio
맞지 아니하는	Dissonus
맞지 아니하다	Dissentio
맞지 않게	Inepte
맞지 않는	Inconveniens
맞지 않다	Discordo, Dissono
맞추다	Accommodo, Conficio, Conformo, Impleo, Loco, Quadro
맞춤	Confectio, Exsecutio
맞히다	Expedio
맡겨 두다	Praepono
맡기다	Delego, Impono, Injungo
맡긴 돈	Arrha
맡김	Delegatio

맡은	Praepositus
맡은 이	Custos
맡은 자(者)	Depositarius
매	Flagellum, Fustis, Verber, Virga, Virgultum
매 흔적(痕跡)	Vibex
매(每)	Singuli
매괴(玫瑰) 빛 가진	Roseus
매괴경(玫瑰經)	Rosarium
매괴화(玫瑰花)	Rosa
매년(每年) 양식(糧食)	Annona
매년(每年)에	Quotannis
매년(每年)의 것	Anniversarius
매는 것	Copula, Ligamen, Ligatura
매다	Conjungo, Connecto, Ligo, Necto, Nodo
매듭	Ligamen, Ligatura, Nexus, Nodus
매듭 많은	Nodosus
매듭 짓다	Nodo
매맞다	Vapulo
매매(賣買)	Mercatio, Mercatura, Negotium
매매(賣買)하는 양(樣)으로	Venaliter
매매(賣買)하다	Emo, Negotior, Vendo
매매(賣買)할	Venalis
매매(賣買)함	Commertium, Emptio, Nundinatio, Venalitas, Venditio
매미	Cicada
매상(昧爽)	Aurora
매씨(妹氏)	Soror
매(每)양	Quoties, Quotiescumque
매우	Admodum, Perquam, Valde
매우 가까이	Proxime
매우 가는	Praetenuis

매우 건장(健壯)한	Praevalidus
매우 괴롭게 여긴	Pertaesus
매우 긁다	Perfrico
매우 급(急)한	Praerapidus, Praeruptus
매우 높은	Praealtus
매우 때묻은	Maculosus
매우 많은	Quamplurimus
매우 많이	Plurimum
매우 면강(勉强)함	Molimen
매우 무서워하다	Praemetuo, Reformido
매우 미친	Perabsurdus
매우 반가운	Pergratus
매우 붉은	Coccineus, Puniceus
매우 속(速)히	Quantocius
매우 쉽게	Perfacile
매우 아름답게	Perbelle
매우 어려운	Perdifficilis
매우 언짢은	Pessimus
매우 연약(軟弱)한	Tenellus
매우 오랜	Pervetus, Pervetustus
매우 유명(有名)한	Perillustris
매우 유익(有益)한	Perutilis
매우 자주	Persaepe
매우 작은	Minusculus
매우 잘	Optime
매우 재미있는	Perjucundus
매우 적게	Perparum
매우 적당(的當)한	Peropportunus
매우 정(精)한 밀가루	Simila
매우 종없는	Perabsurdus

매우 좋게	Optime
매우 짐 되는	Pergravis
매우 징그러워하다	Perhorresco
매우 크게	Permagni
매우 푸른	Praeviridis
매우 풍성(豊盛)한	Superabundans
매운	Mordax
매이게 하다	Subdo
매이다	Attineo, Dependeo, Pendeo, Pertineo
매인	Subditus
매인 데 없는	Liber
매일(每日)의	Diurnus, Quotidianus
매질하다	Verbero
맥(脈)	Pulsus, Vena
맥락(脈絡)	Pulsus
맵게	Mordaciter
맷돌	Mola
맷돌 기계(器械)	Molendinum
맷돌질하다	Molo
맹세(盟誓)	Juramentum, Jusjurandum, Sacramentum
맹세(盟誓) 저버리다	Perjuro
맹세(盟誓) 저버린	Perjurus
맹세(盟誓) 저버림	Perjurium
맹세(盟誓)하다	Abjuro, Juro
맹세(盟誓)하여 끊어 버리다	Abjuro
맹세(盟誓)하여 끊어 버림	Abjuratio
맹세(盟誓)함	Abjuratio
맺다	Contraho, Innodo, Obligo, Paciscor, Sero
맺음	Connexio
머리	Caput, Os

머리 깍다	Tondeo
머리 꾸벅꾸벅하는	Nutabundus
머리 꾸벅이다	Nuto
머리 미다	Calveo
머리 미어가다	Calvesco
머리 벗겨지다	Calveo
머리 벗겨진 사람	Calvus
머리 벗겨짐	Calvities
머리 베다	Decollo
머리 빗다	Como
머리치는 자(者)	Tonsor
머리털	Capillus, Coma, Crinis
머릿보(褓)	Velamen
머무르다	Admitto, Demoror, Moror, Versor
머무름	Mansio, Statio
머물다	Coagulo, Consisto, Dego, Maneo
머물러 두다	Retineo
머물러 있다	Exsto, Permaneo, Remaneo, Sisto
머묾	Incolatus
먹	Atramentum
먹는	Edulis
먹다	Comedo, Edo, Mando, Manduco, Pabulor, Pascor, Vescor
먹을 것	Edulis, Esculentus
먹음	Manducatio, Refectio
먹이는 곳	Pascua
먹이다	Cibo, Depascor, Pabulor, Pasco
먼	Longinquus, Remotus
먼저	Ante
먼저	Antequam, Prae, Primo, Primum, Prius
먼저 난	Natu. Natu major. Primogenitus

먼저 말하다	Praefari
먼저 맛보다	Praegusto
먼저 박다	Praefigo
먼저 보내다	Praemitto
먼저 빼앗다	Praeripio
먼저 승행(承行)하다	Praevenio
먼저 오다	Anticipo, Praevenio
먼저 있는	Praeexistens
먼저 잡다	Intercipio
먼저 잡음	Praeoccupatio
먼저 짐작(斟酌)하다	Praevideo
먼지	Pulvis
먼지 둘러쓴	Pulverulentus
먼지의	Pulvereus
멀기	Distantia, Longinquitas
멀다	Disto
멀리	Longe, Longinque, Peregre, Procul
멀리 다니다	Peregrinor
멀리 다님	Peregrinatio
멀리 치우다	Abdo
멀리서	Eminus
멀리하다	Abstineo, Elongo
멍에	Jugum
멍에 메우다	Subjugo
멍에 멘	Subjugalis
멍에 벗기다	Disjungo
메	Malleus
메다	Subeo, Supporto
메뚜기	Locusta
메산이	Echo

메우다	Impono
메질하다	Cudo, Excudo
며느리	Nurus
멱	Jugulum
멱따다	Jugulo
면강(勉强)하여	Invite
면경(面鏡)	Speculum
면려(勉勵)하다	Concito
면류관(冕旒冠)	Diadema
면박(面駁)하다	Exprobro
면양(綿羊)	Aries
면전(面前)	Conspectus
면책(免責)하다	Objicio
면(免)치 못할	Fatalis
면(免)치 못할 일	Fatum
면투(麵頭)	Panis
면투(麵頭) 만드는 이	Pistor
면(免)하다	Derogo
면(免)함	Derogatio
멸(滅)함 없이	Immortaliter
멸망(滅亡)	Exitium
멸망(滅亡)케 하다	Devasto
멸망(滅亡)하다	Destruo, Everto, Subverto
멸(滅)치 않는	Immortalis
멸(滅)치 않음	Immortalitas
멸(滅)하다	Abrumpo, Revello
멸(滅)함	Devastatio
명(命)	Imperium, Mandatum, Sanctio
명(命) 전파(傳播)하는 자(者)	Praeco
명령(命令)	Decretum, Edictum, Statutum

명리(明理)한	Intelligens
명문(明文)	Chirographus
명백(明白)하다	Constat, Liquet, Patet
명백(明白)한	Evidens, Perspicuus
명백(明白)함	Perspicuitas
명백(明白)히	Clare, Expresse, Perspicue
명변(明辯)함	Demonstratio
명성(名聲)	Fama, Notitia, Reputatio
명성(名聲) 물리치다	Diffamo, Infamo
명오(明悟)	Intellectus, Mens
명오(明悟) 있는	Rationabilis, Rationalis
명(命)을 거두다	Abrogo
명일(命日)	Festum
명조상(名祖上)	Prosapia
명주(明紬)	Bombyx, Sericum
명주(明紬)의	Sericus
명주(明紬)의 것	Bombycinus
명증(明證)하다	Demonstro
명찰(明察)한	Perspicax
명찰(明察)함	Perspicacitas
명(命)하는 모양(模樣)으로	Praeceptive
명(命)하다	Impero, Mando, Praecipio, Sancio
명(命)한 것을 알아듣다	Accipio. Accipere jussa.
명(命)함	Jussio
몇	Aliquot, Quot, Tot
몇 가지의	Quotuplex
몇 겹의	Quotuplex
몇 번(番)	Quoties
몇 번(番)이나	Toties
몇 안 되는	Perpauci

몇째	Quotus
몇째마다	Quotusquisque
모	Angulus
모 붓다	Semino
모기	Cinifes, Culex
모기장(帳)	Conopeum
모꾼	Operarius
모두	Summatim
모든	Cunctus, Omnis, Universus
모든 신품(神品) 자(者)	Clerus
모듬	Affluentia, Coetus, Communitas, Concio
모래	Arena, Sabulum
모래 많은	Sabulosus
모레	Perendie, Postridie
모레의	Perendinus
모르게	Abdite, Abscondite
모르고	Ignoranter, Inconscius, Nescienter
모르는	Ignarus, Ignotus, Inconscius, Inscius
모르는 체하다	Infitior
모르다	Ignoro, Nescio
모름	Ignorantia
모맥(麰麥)	Hordeum
모반(謀反)하다	Conspiro
모반(謀反)함	Conspiratio
모범(冒犯)하는 자(者)	Profanator
모범(冒犯)하다	Profano, Temero
모범(冒犯)함	Profanatio
모범성사(冒犯聖事)	Sacrilegium
모범성사(冒犯聖事)하여	Sacrilege
모범성사(冒犯聖事)한	Sacrilegus

모병(毛病)	Vitium
모병(毛病) 있는	Vitiosus
모병(毛病)스럽게	Vitiose
모본(模本)하다	Depingo
모상(模像)	Figura
모시	Linum
모시다	Comitor
모양(模樣)	Forma, Modus, Species, Specimen
모양(模樣) 없게 하다	Deformo
모양(模樣) 없는	Deformis, Informis
모양(模樣) 없음	Deformitas
모여	Congregatim
모으다	Affluo, Confluo, Congrego
모의(謀議)하다	Conjuro, Conspiro
모의(謀議)함	Conjuratio, Conspiratio
모이다	Coeo, Cogo, Convenio
모인 것	Compactus
모임	Congregatio, Conventio, Synaxis
모진	Crudelis, Dirus, Ferox, Ferus, Immitis
모진 짐승	Bellua, Fera
모질게	Acriter
모짊	Acrimonia, Crudelitas, Feritas
모책(謀策)	Consilium
모친(母親)	Genitrix, Mater, Parens
모친(母親)의	Maternus
모퉁이	Angulus
모판(板)	Credentia
모해(謀害)	Insidiae
모해(謀害)하는	Insidiosus
모해(謀害)하다	Insidior

목	Cervix, Collum
목 베다	Decollo, Jugulo
목 자르다	Strangulo
목 자름	Strangulatio
목(目)	Oculus
목걸이	Armilla, Torques
목관(目官)	Visus
목구멍	Fauces, Guttur
목도(目睹)한	Oculatus
목동(牧童)	Pastor
목록(目錄)	Catalogus, Index
목마르 듯이	Sitienter
목마르다	Sitio
목마름	Sitis
목소리	Tonus
목쉬다	Raucio
목쉰	Raucus
목쉼	Raucitas
목에 거는 구슬	Torques
목욕(沐浴)하는 데	Lavacrum
목욕(沐浴)하다	Lavo
목욕간(沐浴間)	Balneum
목욕통(沐浴桶)	Balneum
목자(牧者)	Pastor
목자(牧者)의	Pastoralis
목자(牧者)의 막대	Pedum
목장(牧場)	Pascua
목침(木枕)	Cervical
목탄(木炭)	Carbo
목통	Guttur

목패(木牌)	Tabella. Tabella Majorum.
목필(木筆)	Graphium
목화(木花)	Gossypium
목화(木花)나무	Xylon
몫	Pars, Portio
몰다	Abigo, Conduco, Mino, Obduco, Propello
몰래	Furtim
몰래 가져감	Subtractio
몰래 가져가다	Subtraho
몰래 빼앗음	Subreptio
몰약(沒藥)	Myrrha
몰약(沒藥) 든	Myrrhatus
몸	Corpus
몸 성함	Valetudo
몸기운(氣運)	Temperamentum
몸에 유익(有益)하게	Salubriter
몸에 유익(有益)한	Saluber
몸에 유익(有益)함	Salubritas
몸짓	Gestus
몹시	Truculenter
몹쓸	Truculentus
못 [*부정어]	Non
못 [*압정]	Clavus
못 [*연못]	Gurges, Stagnum
못 견디게	Intolerabiliter
못 견디게 하다	Exaspero, Lacesso, Vexo
못 견디게 함	Vexatio
못 누리게 하다	Orbo
못 생겼다	Abortivus
못거지	Conventio, Conventus

못되게	Ignave
못미처	Cis, Citra
못미처 있다	Citerior
못박힌 터	Fixura
못생긴	Deformis
못자리	Seminarium
못하다	Abstineo
몽둥이	Fustis
뫼	Tumulus
뭔 것	Compactus
묘(妙)함	Amoenitas, Amoenus, Formositas, Formosus
무	Napus, Rapa
무거운	Gravis, Onerosus, Plumbeus, Ponderosus
무거움	Gravamen
무거워지다	Gravesco
무겁(無怯)한	Impavidus, Interritus
무겁게	Graviter
무겁게 하다	Gravo
무고(無辜)한	Inculpatus
무궁(無窮)한	Infinitus
무궁(無窮)히	Infinite
무기(無氣)한	Ignavus
무너뜨리다	Pessumdo
무너지다	Corruo, Ruo
무너짐	Dejectio, Ruina, Ruptio
무너트리다	Diruo
무너트림	Eversio
무당(巫堂)	Saga
무더기	Acervus, Congeries, Cumulus
무덤	Monumentum, Sepulchrum, Tumba, Tumulus

무덤의	Sepulchralis
무덤의 비문(碑文)	Epitaphium
무뎌지다	Hebesco
무딘	Hebes
무량(無量)한	Incolumis, Incolumitas
무령(無靈)한 짐승의	Brutus
무례(無禮)하게	Inciviliter, Rustice
무례(無禮)한	Barbarus, Incivilis, Inhonestus, Inurbanus, Rusticus
무례(無禮)함	Barbaria, Incivilitas, Ruditas, Rusticitas
무례(無禮)히	Inhoneste
무르게	Molliter
무르게 하다	Macero, Mollio
무르녹음	Purulentia
무른	Mollis
무름	Mollitia
무릇	Generatim
무릎	Genu, Gremium
무릎꿇다	Geniculo, Genuflecto
무리	Caterva, Classis, Cohors, Grex, Multitudo, Turba, Turma
무리(無理)한	Irrationabilis
무명	Pannus
무명 낳다	Ordior
무명옷 입은	Pannosus
무명(無名)한	Ignobilis
무병(無病)한	Sanus
무복(無福)한	Infelix
무복(無福)함	Infelicitas
무서운	Formidolosus, Tremendus
무서움	Pavor
무서워하다	Formido, Metuo

무섭게	Pavide, Terribiliter
무섭게 하다	Tremefacio
무섭다	Formido, Timeo
무성(茂盛)하다	Frondeo, Vigeo
무성(茂盛)한	Frondosus, Vegetatio
무소(誣訴)	Calumnia
무소(誣訴)하다	Calumnior
무쇠	Ferrum
무수(無數)한	Innumerabilis
무슨	Qualis, Quis
무슨 연고(緣故)로	Cur
무시무종(無始無終)	AEternitas
무시무종(無始無終)한	AEternus
무식(無識)하게	Ignoranter
무식(無識)한	Ignarus, Illitteratus
무식(無識)함	Ignorantia
무신(無信)한	Infidelis
무엇	Quis
무엇 되었느냐	Accido. Quid accidit.
무엇을 위(爲)하여	Quamobrem
무엇일런지	Utut
무용(無用)한	Inusitatus
무우	Napus, Rapa
무익(無益)한	Cassus, Frivolus, Futilis, Infructuosus, Inutilis, Superfluus, Supervacaneus, Supervacuus
무익(無益)함	FutilitasInane, Inutilitas, Nugacitas, Superfluitas
무익(無益)히	Frustra, Futiliter, Inutiliter, Superflue
무인지경(無人之境)	Solitudo
무재(無才)한	Iners, Inertia, Scaevus
무죄(無罪)한	Innocens, Innoxius, Insons
무죄(無罪)함	Innocentia

무죄(無罪)히	Innocenter
무지개	Arcus, Iris
무지러진 나무	Pinus
무진(無盡)한	Infinitus
무진(無盡)히	Infinite
무찌르다	Deleo
무찔러 죽이다	Trucido
무찔러 죽임	Trucidatio
무한(無限)	Immensum
무한(無限)한	Immensus, Infinitus
무한(無限)함	Immensitas
무함(誣陷)	Calumnia
무함(誣陷)하는	Calumniosus
무함(誣陷)하는 자(者)	Calumniator
무함(誣陷)하다	Calumnior
무해(無害)한	Innocens, Innocuus, Innoxius
무형(無形)한	Incorporalis, Incorporeus, Spiritalis
무형(無形)함	Spiritualitas
무화과(無花果)	Ficus
무화과(無花果)나무	Ficulnea
무효(無效)한	Inefficax
묵계(默契)	Revelatio, Visio, Visum
묵계(默啓)하다	Inspiro, Revelo
묵계(默啓)함	Inspiratio
묵다	Exolesco
묵묵(默默)하다	Sileo, Taceo
묵묵(默默)한	Silentiosus
묵묵(默默)함	Silentium
묵묵(默默)히	Silenter
묵상(默想)	Meditatio

묵상(默想)하다	Meditor
묵어지다	Obsolesco
묵은	Obsoletus
묵은내 나는	Rancidus
묵주(默珠)	Rosarium, Corona. Corona precatoria.
묶다	Sero, Succingo, Vincio
묶음으로	Manipulatim
문(門)	Fenestra, Fores, Janua, Ostium, Porta
문(問)	Quaestio
문(門) 들어가는 곳	Aditus
문(門) 열다	Absolvo. Valvas absolvere.
문간(門間)	Atrium, Vestibulum
문답(問答) 가르치는 자(者)	Catechista
문답(問答) 가르치다	Catechizo
문답(問答)함	Colloquium
문답책(問答)	Catechismus
문도(門徒)	Discipulus
문(門)돌쩌귀	Cardo
문둥이	Leprosus
문득	Continuo, Subito
문법(文法)	Grammatica
문(門)살	Crates
문서(文書)	Cautio, Chirographus, Codex, Documentum, Scriptum
문서책(文書冊)	Rationarium
문설주(門설柱)	Postis
문안(問安)	Ave *seu* Salve, Salus
문안(問安)하다	Saluto
문안(問安)함	Salutatio
문장법(文章法)	Rhetorica
문(門)지기	Janitor, Ostiarius

문지르다	Frico
문턱	Limen, Superliminare
문후(問候)하다	Appello
묻다 [*질문하다]	Interrogo, Percontor, Quaero
묻다 [*파묻다]	Consulo, Humo, Inhumo, Sepelio, Tumulo
묻지 않는	Inconsultus
묻히다	Polluo
묻히지 않은	Insepultus
물	Aqua, Imber, Liquor, Lympha, Unda
물 건너다	Perfreto
물 넣는 기계(機械)	Fundibulum
물 돌며 들어가는 곳	Vortex
물 돌아드는 데	Vorago
물 먹이다	Aquor
물 부어 제사(祭祀) 지내다	Libo
물 없는	Inaquosus
물 위에 솟아나게 하다	Emergo
물 주다	Irrigo, Rigo, Roro
물 줌	Rigatio
물 흐름	Fluentum
물 흔한	Irriguus
물가	Ripa
물가 언덕	Ripa
물건 만드는 곳	Fabrica
물건(物件)	Objectum, Res
물건(物件) 이름	Vocamen
물결	Aestus, Fluctus, Lympha, Unda
물결치는	Fluctuosus
물결치다	Fluctuo, Undo
물고기	Piscis

물고기 못	Piscina
물고기 잡는 자(者)	Piscator
물고기 장사	Piscarius
물구덩이	Cisterna
물긷다	Aquor
물다	Mordeo
물독	Hydria
물동이	Urna
물들이다	Coloro, Fuco, Imbuo, Tingo
물들임	Tinctura
물들지 아닌	Immaculatus
물들지 않은	Illibatus
물러가다	Facesso, Recedo, Recurro, Secedo
물러가며	Recessim
물러감	Alienatio, Recessio, Recessus, Recursus, Subtractio
물러나다	Retrocedo
물레	Fusus
물로 덮다	Stagno
물리치는 자(者)	Ruptor
물리치다	Amoveo, Averto, Consterno, Deformo, Demolior, Destruo, Facesso, Irrumpo, Rejicio, Relego, Removeo, Repello, Repudio, Respuo, Rumpo, Secludo
물리친	Reprobus
물리침	Destructio, Irruptio, Molitio, Relegatio, Reprobatio, Reprobus, Repulsa, Repulsus
물림	Morsus
물머리	Os
물목(物目)	Catalogus
물박	Situla
물방울	Gutta, Stilla
물뱀	Hydra

물범	Xiphias
물병(甁)	Aqualis
물뿌리다	Aspergo
물색	Tinctura
물색 빠진	Decolor
물색 빼다	Decoloro
물속에 있는 바위	Scopulus
물수세미	Spongia
물어보다	Inquiro, Interrogo, Sciscitor
물어본 것	Quaesitum
물어봄	Interrogatio, Quaestio
물에 넣다	Immergo
물에 떠 흐르다	Fluito
물에 뜨다	Fluctuo
물에 잠그다	Submergo
물에 잠금	Submersio
물음	Percontatio
물항아리	Amphora
물화(物貨)	Merx
묽은	Liquidus, Rubicundus
묽은 것	Liquor
묾	Morsus
뭇	Fasciculus, Fascis, Manipulus, Omnis, Serta
미(味)	Sapor
미결(未決)한	Ambiguus, Anceps
미구(未久)에	Mox, Propediem
미끄러운	Labidus, Lubricus
미끄러운 것	Lubricum
미끄러지다	Delabor, Labor, Prolabor
미끄럽게	Lubrice

미련하게	Fatue, Imprudenter, Insipienter, Stulte
미련한	Desipiens, Fatuus, Imprudens, Insipiens, Stultus, Stupidus
미련한 말	Stultiloquium
미련함	Desipientia, Fatuitas, Imprudentia, Insipientia, Stultitia, Stupiditas
미루다	Crastinor, Cunctor, Differo, Imputo, Pertraho, Procrastino, Prorogo, Tergiversor
미룸	Procrastinatio, Prorogatio, Tergiversatio
미리	Prius
미리 가르치다	Praedoceo
미리 가리다	Praedestino
미리 가림	Praedestinatio
미리 겁(怯)내다	Praemetuo, Praetimeo
미리 경영(經營)하다	Praemeditor
미리 고(告)하다	Portendo
미리 기록(記錄)하다	Praenoto
미리 깨닫다	Praesentio
미리 막다	Praecludo, Praepedio, Praeverto
미리 말하다	Divino, Portendo, Praedico, Prophetizo, Propheto
미리 말함	Oraculum, Praedictio, Praesagium
미리 방비(防備)하다	Praemunio
미리 보이다	Praemonstro
미리 보(報)하다	Praenuntio
미리 살피다	Prospicio
미리 삼가다	Praecaveo
미리 쓰다	Praescribo
미리 아는	Praescius
미리 아는 말	Prophetia, Vaticinatio
미리 안배(按排)하다	Praevideo, Provideo
미리 안배(按排)함	Providentia

미리 알다	Praenosco, Praescio
미리 앎	Praecognitio, Praescientia
미리 이르다	Praemoneo
미리 이름	Praemonitum
미리 잡다	Praesumo
미리 정(定)하다	Praedestino, Praefigo
미리 정(定)한	Praedestinatio, Praefinitus
미리 조심(操心)함	Praecautio
미리 증험(證驗)하다	Praesagio
미리 짐작(斟酌)하는	Praesumptuosus
미리 짐작(斟酌)하다	Praesumo
미리 짐작(斟酌)함	Praesumptio
미리 판단(判斷)하다	Praejudico
미리 한 말	Praedictio
미리 한 심판(審判)	Praejudicium
미리 헤아려	Provide
미쁜	Credibilis
미쁨	Confidentia
미사(彌撒)	Missa
미사경본(彌撒經本)	Missale
미색(迷色)	Luxuria
미색(迷色)히	Luxuriose
미세(微細)한 것	Minutia
미소(微小)하게	Exigue
미소(微小)한	Exiguus, Minutus
미소(微小)함	Exiguitas
미욱한	Brutus
미운	Invisus, Odiosus
미움 받는	Invisus
미워하는	Malevolus

미워하다	Abhorreo, Aversor, Detestor, Odi
미워할 만한	Exsecrabilis
미워함	Acerbitas
미장이	Caementarius
미정(未定)한	Probabilis, Suspensus
미정(未定)함	Probabilitas, Suspensio
미정(未定)히	Probabiliter
미지근하게 하다	Tepefacio
미진(未盡)하다	Careo
미쳐오다	Pervenio
미쳤느냐	Accedo. Num tibi stultitia accessit., Immo vel Imo, Pariter, Secus
미치게	Amenter, Dementer, Insane, Rabide
미치다	Insanio, Rabo
미친	Amens, Demens, Dementia, Insanus, Rabidus, Rabiosus, Stultus, Vecors, Vesanus
미친 모양(模樣)으로	Insane
미친 병(病)	Dementia
미침	Amentia, Insania, Vecordia
미한	Exiguus
민망(憫惘)함	AEgritudo
민심(民心)	Popularitas
민첩(敏捷)한	Promptus, Sagax
믿는 자(者)	Fidelis
믿다	Concilio, Credo, Fido
믿은	Fidus
믿을 만한	Credibilis
믿음	Fidentia, Fides, Fiducia
믿음 있게	Fidenter
믿지 못할	Incredibilis
믿지 아니하는	Infidelis

믿지 아니한	Impar, Incredulitas, Infidelitas
믿지 않는	Incredulus
밀 [*곡식]	Frumentum, Frux, Triticum
밀(蜜)	Cera
밀다	Pulso
밀떡	Panis
밀떡의	Panneus
밀로 한	Triticeus
밀어 내리다	Detrudo
밀어 쫓다	Depello
밀의	Triticeus
밀(蜜)의	Cereus
밀(蜜)초	Candela, Cereus
밀쳐 막다	Obnitor
밀쳐 쫓다	Repello
밀쳐놓다	Semoveo
밀쳐보내다	Impello
밀치다	Arceo, Calcitro, Depello, Excludo, Impello, Pello, Submoveo, Trudo
밀침	Impulsio
밀판(板)	Pugillare
및	Atque, Cum, Et, Necnon, Que
및 아니	Neque
밑	Basis
밑에	Infra, Pessum, Sub, Subter
밑에 넣다	Subdo
밑에 던지다	Subjicio
밑에 두다	Suppono
밑에 둠	Subjectio, Suppositio
밑에 심다	Supplanto
밑에 쌓음	Substructio

밑으로	Subter, Subtus
밑으로 넣다	Submitto
밑으로 빼내다	Subduco
밑으로 파다	Subruo

바

바	Qui
바깥	Dium
바깥의	Exterior, Externus
바꾸다	Commuto, Muto, Permuto
바꿈	Commutatio, Mutatio, Permutatio, Transmutatio
바느질하다	Suo
바늘	Acus, Spiculum
바다	Mare, Pontus
바다 건너가다	Transfreto
바다 바닥	Alveus
바다목	Fretum
바다에 들어온 산(山)줄기	Promontorium
바다의	Marinus
바닥	Solum
바닷가	Littus
바닷가의	Maritimus
바닷물	Fluentum
바둑	Tessera
바라다	Spero

바라보는 자(者)	Spectator
바라보다	Aspicio, Prospecto, Specto
바라봄	Spectatio
바라지 않는	Insperans
바라지 않은	Insperatus
바람 [*望]	Spes
바람 [*風]	Anima, Aura, Flatus, Inflatio, Spiritus, Ventus
바람 많은	Ventosus
바람 소리	Mugitus
바람내다	Ventilo
바람이 없어졌다	Abeo. Spes abiit.
바래다	Albesco, Candefacio
바랭이	Lolium
바로	Directe, Prorsum, Recta
바로 선	Verticalis
바르게 하다	Corrigo
바르는 것	Litura
바르다	Conglutino, Linio, Lino, Ungo
바르지 아니한	Indirectus
바르지 않게	Indirecte
바른	Rectus
바른대로 말 아니하다	Reticeo
바름	Rectitudo
바쁜	Festinus, Occupatus, Properus
바삐	Celeriter, Cito, Festine, Propere
바삐 감	Properatio
바삐하다	Festino
바소	Scalpellum
바수다	Attero, Contero, Tero, Tundo
바스과	Pascha

바위	Rupes, Saxum
바위 구멍	Antrum
바위 깨는	Saxifragus
바위 많은	Saxosus
바위구멍	Caverna
바지	Femoralia
바치다	Affero, Dedico, Devoveo, Dico, Praesento
바퀴	Rota
바탕	Basis, Fundamentum, Fundus
바탕까지	Funditus
박다	Adigo, Affigo, Figo, Impingo, Imprimo, Incutio, Infigo, Insero, Planto
박말	Paxillus
박사(博士)	Doctor
박색(薄色)	Deformitas
박음	Impressio
박쥐	Vespertilio
박학(博學)하게	Docte
박학(博學)한	Disertus
박학사(博學士)	Doctus, Litteratus
밖	Ager
밖에	Cis, Citra, Deforis, Exterius, Extra, Extrinsecus, Foris, Nisi, Prae, Praeter, Praeterquam, Super, Ultra
밖에서	Deforis
밖으로	Exterius, Extrinsecus, Foras
반(半)	Dimidium, Dimidius, Medietas, Semis
반(盤)	Credentia
반가워하다	Gaudeo
반감(飯監)	Coquus
반구(頒鳩)	Turtur
반냥(半兩) 중(中)	Semuncia

반드러운	Levis
반드러운 것	Lubricum
반듯이 누운	Resupinus, Supinus
반(半)만 산	Semivivus
반말	Abbreviatio
반복(反復)함	Inconsequentia
반석(盤石)	Petra
반시(半時)	Semihora
반신불수(半身不隨)인 여인(女人)	Paralytica
반신불수(半身不隨)인 이	Paralyticus
반신불수병(半身不隨病)	Paralysis
반역(反逆)하다	Apostato
반역(反逆)한	Apostata
반역한(反逆漢)	Apostata
반(半)은 누르고 반(半)은 검은	Pullus
반(半)은 불에 탄	Semiustus
반(半)은 자는	Semisomnus
반(半)은 탄 나무	Titio
반지(半指)	Lamina
반짝반짝하다	Scintillo
반찬(飯饌)	Cibus, Dapes, Edulium, Ferculum, Pulmentarium
반찬(飯饌)광	Cellarium
반청(飯廳)	Coenaculum
반편(半偏)스러운	Fatuus
반편(半偏)스러움	Fatuitas
반편(半偏)스럽게	Fatue
반포(頒布)하는 자(者)	Praeco
반포(頒布)하다	Promulgo
반포(頒布)함	Promulgatio
받는 양(樣)으로	Passive

받다	Accipio, Admitto, Excipio, Patior, Percipio, Recipio, Sumo, Suscipio
받아두다	Recepto
받아둠	Receptus
받음	Acceptio, Admissio, Perceptio, Receptio, Sumptio, Susceptio
받치는 것	Fulcimen, Fulcimentum
받치다	Fulcio
발	Crates, Pes
발(簾)	Cortina
발가락	Digitus
발광(發狂)하는	Vesanus
발광(發狂)하다	Insanio, Rabo, Vesanio
발광(發狂)함	Vesania
발꿈치	CaIx, Calcaneus, Talus
발돋음	Scabellum
발마나무	Palma
발명(發明)하다	Declaro, Excuso
발명(發明)함	Declaratio
발바닥	Planta, Vola
발병(病)	Podagra
발사마 향(香)	Balsamum
발톱	Unguis
발(發)하다	Elicio, Emitto
발(發)하여 내다	Eructo
발(發)함	Emissio, Prolatio
발현(發現)하다	Appareo
밝게	Aperte, Lucide, Signanter
밝다	Clareo, Constat, Liquet, Pateo
밝은	Apertus, Clarus, Evidens, Luminosus
밝은 눈	Acer. Acres oculi.

밝은 눈길	Obtutus
밝음	Claritas, Evidentia
밝히	Clare, Coram, Enucleate, Evidenter, Palam, Plane
밝히 고(告)하다	Profiteor
밝히 고(告)함	Professio
밝히 아는	Conscius
밝히 증거(證據)하다	Protestor
밝히 증거(證據)함	Protestatio
밝히다	Elucido
밝힘	Demonstratio
밟다	Calco, Conculco, Proculco, Protero
밟은 것 떼다	Deglutino
밟음	Proculcatio
밤 [*식물]	Castanea
밤 [*夜]	Nox
밤 되어 가다	Noctesco
밤 새다	Pervigilo
밤에	Noctu
밤에 수직(守直)하는	Pervigil
밤을 지내다	Pernocto
밤의	Nocturnus
밥	Praeda
밥간(間)	Coenaculum
밥상보(床褓)	Mappa
방(房)	Cella, Cubiculum, Habitaculum
방(榜) 써 걸다	Proscribo
방(榜) 써붙임	Proscriptio
방(房)고래	Spiramen
방목(放牧)	Proscriptio
방바닥	Pavimentum

방법(方法)	Medela, Medium, Remedium, Via
방불(彷佛)하다	Adumbro
방비(防備)하는 것	Munimen, Propugnaculum
방비(防備)하다	Munio, Occludo
방비(防備)함	Munitio
방사(放肆)한	Lascivus, Licentiosus
방사(放肆)함	Lascivia, Licentia
방사(放肆)히	Lascive, Licenter
방석	Cussinus
방송(放松)함	Demissio
방심(放心)한	Securus
방심(放心)함	Securitas
방아확	Pila
방울 [*물방울]	Bulla, Gutta
방울 [*종]	Campana, Tintinnabulum
방울지어 흐르다	Stillo
방위(方位)	Positio
방자(放姿)함이	Intemperantia
방죽	Lacus
방(房)지기	Cubicularius
방천(防川)	Obex
방탕(放蕩)하다	Lascivio
방탕(放蕩)한	Dissolutus, Effrenatus, Incontinens, Intemperans
방탕(放蕩)한 자(者)	Scortator
방탕(放蕩)히	Dissolute
방패(防牌)	Clypeus, Scutum
밭	Praedium, Rus
밭 뒤다	Aro
밭고랑	Sulcus
배 [*과일]	Pirum

배 [*선박]	Navigium, Navis, Ratis
배 [*신체]	Alvus, Uterus, Venter
배 기계(器械)	Remus
배 대는 곳	Protus
배 임자	Navarchus
배(倍)	Duplex
배게	Dense
배게 하다	Condenso
배고프다	Esurio
배고픔	Esuries, Fames
배교자(背敎者)	Apostata
배교(背敎)하다	Apostato
배교(背敎)함	Apostasia
배나무	Pirus
배다	Concipio
배(倍)된	Duplus
배(倍)로	Dupliciter, Duplo
배반(背反)하는 자(者)	Traditor
배반(背反)하다	Apostato, Deficio
배반(背反)함	Infidelitas
배부르게	Satianter
배부르게 하다	Satio, Saturo
배부르지 못할	Insatiabilis
배부른	Satur
배부를 만한	Satiabilis
배부름	Satietas, Saturatio, Saturitas
배설(排設)하다	Paro
배설(排設)함	Paratio
배에 쓰는 지남철(指南鐵)	Pyxis. Pyxis magnetica.
배우기 좋아하는	Studiosus

배우다	Accipio, Disco, Studeo
배은(背恩)하는	Ingratus
배은(背恩)한 자(者)	Proditor
배은(背恩)함	Ingratitudo
배의	Navalis
배자(褙子)	Tunica
배질하다	Navigo, Remigo
배질함	Navigatio
배합(配合)하다	Societas
백(百)	Centum
백(百) 년(年)	Saeculum, Seculum vel Saeculum
백(百) 번(番)	Centies
백(百) 번(番)째	Centesimus
백반(白礬)	Alumen
백발(白髮)	Cani
백배(百倍)	Centuplex, Centuplus
백부장(百夫長)	Centurio
백성(百姓)	Gens, Natio, Plebs, Populus, Vulgus
백성(百姓) 돕는 관원(官員)	Tribunus
백성(百姓) 수(數)	Populatio
백성(百姓)의	Gentilis, Popularis
백장의(白長衣)	Alba
백정(白丁)	Lanius
백채(白菜)	Lactuca
백태(白苔)	Albugo
백토(白土)	Creta
백합(白鴿)	Columba
백호(白虎)치는 칼	Novacula
백호(白虎)침	Tonsura
밴	Densus

뱀	Anguis, Coluber, Reptile, Serpens
뱃머리	Prora
버드나무	Populus
버들	Viburnum
버려두다	Derelinquo, Expono, Linquo, Relinquo
버려둔	Desertus
버려둠	Derelictio
버릇없는	Insolens
버릇없음	Insolentia
버릇없이	Proterve
버리게	Depravate, Perdite
버리게 하다	Depravo
버리다	Abjicio, Adjicio, Reprobo
버린	Abjectus, Desertus, Perditus, Reprobus
버릴 것	Purgamen, Peripsema
버림	Abdicatio, Depravatio, Destitutio
버선	Tibialia
버섯	Fungus
버티다	Fulcio, Stabilio
번(番)	Vicis
번(番)갈림	Vicissitudo
번(番)갈아	Vicissim
번(番)갈아가며	Alternatim
번(番)갈아가며 하다	Alterno
번개	Fulgur
번개치다	Fulguro
번번(番番)이	Quotiescumque
번삭(煩數)한	Creber
번삭(煩數)히	Crebro
번성(蕃盛)하다	Pullulo

번성(蕃盛)히	Effuse
번역(飜譯)하다	Traduco, Transfero, Verto
번역(飜譯)함	Versio
번져가다	Latesco
번쩍이다	Mico, Vibro
벌 떼	Examen. Examen apum.
벌(罰)	Castigatio, Noxa, Poena, Punitio
벌(罰) 없이	Impune
벌떡이다	Palpito
벌떡임	Palpitatio
벌레	Vermis
벌리다	Expando
벌림	Hiatus
벌벌 떠는	Tremebundus
벌써	Jam, Pridem
벌어지다	Hiasco, Hio, Hisco
벌전(罰錢)	Mulcta
벌집	Favus
벌창하다	Inundo, Stagno
벌창함	Profluentia
벌통(桶)	Alvus, Mellarium
벌(罰)하다	Corrigo, Plecto, Punio
범	Tigris
범람(泛濫)한	Licentiosus
범람(泛濫)함	Licentia
범상(凡常)하게	Communiter
범상(凡常)한	Profanus
범색(犯色)	Adulterium
범연(泛然)히	Perfunctorie
범연(氾然)히	Remisse

범죄(犯罪)하다	Delinquo, Pecco
범죄(犯罪)한 여인(女人)	Peccatrix
범죄(犯罪)한 자(者)	Praevaricator
범죄(犯罪)함	Commissum
범(犯)하는 자(者)	Transgressor, Violator
범(犯)하다	Admitto, Committo, Delinquo, Offendo, Patro, Praevaricor, Transgredior, Violo
범(犯)함	Offensa, Perpetratio, Praevaricatio, Transgressio, Violatio
법(法)	Adjumentum, Ars, Canon, Edictum, Jus, Lex, Ratio, Ritus, Semis
법(法) 세우는 자(者)	Legislator
법(法)다운	Formalis, Legalis, Legitimus, Regularis
법(法)답게	Legitime, Regulariter
법(法)대로	Legitime, Rite
법례(法例)대로	Solite
법률(法律)에 통달(通達)한 자(者)	Legisperitus
법식(法式)	Methodus
법(法)에 틀린	Illegitimus
법(法)의	Legalis
벗	Amicus
벗기다	Denudo, Detraho, Devestio, Exuo, Nudo, Orbo, Spolio
벗김	Descriptio, Spoliatio
벗다	Denudo, Exuo, Nudo
벗됨	Amicitia
벗은	Nudus
벗은 모양(模樣)으로	Nude
벗은 처지(處地)	Nuditas
벗음	Nudatio
벗의	Amicus
벙어리	Mutus

벙어리 되어가다	Obmutesco
벙어리가 되어가다	Mutesco
베	Cannabis, Cannabum, Tela
베 짜다	Texo
베개	Cervical, Pulvinar, Pulvinus
베껴 쓰다	Transcribo
베껴 씀	Transcriptio
베는 듯이	Concise
베다	Amputo, Caedo, Decido, Detrunco, Excido, Incido, Mutilo, Obtrunco, Praecido, Recido, Rescindo, Reseco, Seco, Supputo, Tondeo, Trunco
베듯이	Caesim
베풀다	Praebeo, Propono
벰	Amputatio, Caedes, Incisio, Rescissio, Resecatio, Sectio, Supputatio
벼	Frumentum, Frux
벼락	Fulmen
벼룩	Pediculus
벼슬	Magistratus, Praefectura, Praepositura
벼슬의 보람	Insignia
벼줄기	Culmus
벽(壁)	Paries
벽장(壁欌)	Armarium
벽파(劈破)하다	Profligo, Refuto
벽파(闢破)함	Discussio
벽파(劈破)함	Refutatio
변(變)	Phaenomenon
변개(變改) 없는	Immutabilis
변개(變改) 없음	Immutabilitas
변개(變改)하는	Mutabilis
변개(變改)하다	Corrumpo, Muto

변개(變改)함	Mutabilitas
변덕(變德)스럽게	Mutabiliter
변동(變動)하는	Mobilis
변동(變動)함	Mobilitas
변두(邊頭)	Tempora
변론(辯論)하다	Argumentor, Discutio, Dissero
변론(辯論)할 만한	Rationabilis
변론(辯論)함	Argumentatio, Dissertatio, Ratiocinatio
변리(邊利)	Fenus vel Foenus, Usura
변리(邊利) 놓다	Feneror vel Foeneror
변리(邊利) 받는	Usurarius
변리(辨理)함	Ratiocinium
변박(辨駁)하다	Confuto, Convinco, Refello, Refuto, Replico
변박(辨駁)함	Refutatio, Replicatio
변백(辨白)하다	Elucido, Illustro
변변찮은 것	Peripsema
변색(變色)하다	Decoloro, Palleo
변색(變色)한	Decolor, Pallidus
변역(變易)하다	Converto
변작(變作)하다	Alieno
변작(變作)함	Alienatio
변(邊)죽	Ora
변(變)치 못할	Immutabilis, Indeclinabilis
변(變)치 아니하다	Substo
변(變)치 않음	Immutabilitas
변(變)케 하다	Altero, Mobilito
변통(變通)하다	Modificor
변통(變通)함	Modificatio
변(變)하게 하다	Decoloro, Inficio, Variego, Vario
변(變)하다	Immuto

변(變)할 만한	Variabilis
변(變)함	Mutatio, Varietas
변(變)함 없이	Immutabiliter
변화(變化)케 하다	Transformo, Verto
변화(變化)하다	Converto
변화(變化)함	Dissipatio
별	Astrum, Sidus, Stella
별 있는	Stellatus
별의	Sidereus
별호(別號)	Cognomen
볏대	Culmus
볏밥	Gleba
볏짚	Palea
병 고치다	Sano
병(甁)	Lagena
병(病)	Aegritudo, Affectus, Invaletudo, Morbus
병(病) 고침	Sanatio
병(病) 구료(救療)하는 자(者)	Nosocomus
병(病) 구료(求療)하는 집	Valetudinarium, Xenodochium
병(病) 낫기 시작하다	Convalesco
병(病) 낫다	Abscedo. Abscedit aegritudo., Convaleo
병(病) 다스리다	Medico, Medicor
병(病) 있는	Insalubris
병기(兵器) 두는 곳	Armentarium
병기(兵器) 없는	Inermis
병기(兵器) 잡는 종	Armiger
병기(兵器) 주다	Armo
병(病)나게	Morbide
병(病)나는	Morbidus
병(病)든	Aegrotus, Infirmus

병(病)든 이	AEger
병(病)들게 하다	Infirmo
병(病)들다	Aegroto, Infirmor
병(病)듦	Infirmitas
병력(兵力)	Armiger
병마(兵馬)	Copiae, Exercitus
병선진(兵船陳)	Classis
병신(病身) 만들다	Mutilo
병신(病身) 만듦	Mutilatio
병신(病身)된	Mutilus
병영(兵營)	Castellum, Praesidium
병원(病院)	Nosocomium, Valetudinarium, Xenodochium
병자(病者)	AEger
병진(兵陣)	Exercitus
보(褓)	Linteamen, Linteum, Mantele, Mappa
보교(步轎)	Lectica
보군(步軍)	Pedes
보군(步軍)의	Pedester
보내다	Absolvo, Dimitto, Mitto
보냄	Missio
보는 자(者)	Videns
보다 [*비교]	Quam
보다 [*視]	Aspicio, Cerno, Inspecto, Intueor, Tueor, Videns
보답(報答)하다	Compenso
보람	Indicium, Nota, Signum, Symbolum
보람 두다	Noto
보리	Hordeum, Zea
보배	Thesaurus
보배로운	Pretiosus
보배로움	Pretiositas

보배로이	Pretiose
보살피는 자(者)	Procurator
보살피다	Procuro
보살핌	Procuratio
보(保)서다	Spondeo
보석(寶石)	Marmor
보석(寶石)의	Marmoreus
보선자	Sponsor, Vas
보속(補贖)	Poenitentia
보속(補贖)의	Piacularis
보속(補贖)하는	Poenitens
보속(補贖)하다	Expio, Piaculo, Pio
보속(補贖)함	Expiatio, Satisfactio
보수(報讐)하다	Ulciscor
보옥(寶玉)	Margarita
보우(保佑)하다	Assisto, Asto vel Adsto, Foveo
보이게	Visibiliter
보이다	Appareo, Exhibeo, Monstro, Patefacio, Videor
보이지 않는	Invisibilis
보인(保人)	Auspex, Sponsor, Vas
보일 만한	Visibilis
보임	Aspectus, Visio, Visum
보자(褓子)	Involucrum
보존(保存)하는 자(者)	Servator
보존(保存)하다	Asservo, Conservo, Custodio, Servo
보존(保存)함	Conservatio
보좌(寶座)	Solium, Thronus
보(報)하다	Annuntio, Enuntio, Evangelizo, Intimo
보(報)함	Annuntiatio, Assertio
보행(步行)하는	Pedester

보행(步行)하는 군사(軍士)	Pedes
보호(保護)하는	Tutelaris
보호(保護)하는 것	Tutamen
보호(保護)하는 이	Auspex
보호(保護)하는 자(者)	Protector, Susceptor, Tutor
보호(保護)하다	Defendo, Protego, Refoveo, Sospito, Tueor, Tutor
보호(保護)함	Auspicium, Auxilium, Patrocinium, Protectio, Tuitio, Tutela
보환(報還)하는 자(者)	Restitutor
보환(報還)하다	Absolvo, Restituo, Satisfacio
보환(報還)함	Restitutio
보환(報還)함으로	Compensato
복(服)	Lugubria
복(福)	Felicitas, Prosperitas
복(福) 있게	Beate
복(福) 있는	Beatus
복(福)되게	Feliciter
복(福)됨	Beatitudo
복병(伏兵)	Insidiae
복병(伏兵)하다	Insidior
복사(服事)하는 이	Famulus, Minister
복사(服事)하다	Famulor, Ministro
복술(卜術)	Sors
복음(福音)	Evangelium
복제(服制)	Luctus
복제(服制)의	Funestus
복중(服中)	Uterus, Venter
볶다	Torrefacio, Torreo
볶은	Torridus
본(本)	Exemplar, Forma, Proprius, Typus
본(本) 지방(地方)을 떠나가다	Abeo. Abire sedibus. (Tac.)

본(本) 지방(地方) 사람	Indigena
본국(本國)	Patria
본국(本國)의	Vernaculus
본(本)디	Naturaliter, Ordinarie, Originitus
본(本)디 있는	Praeditus
본(本)뜬 것	Specimen
본(本)받다	Imitor
본(本)받을 만한	Imitabilis
본(本)받음	Imitatio
본(本)받지 못할	Inimitabilis
본(本)보기	Exemplum
본분(本分)	Obligatio, Officium
본분(本分) 채움	Functio
본성(本性)	Essentia, Ingenium, Natura, Proprietas
본성(本性)의	Essentialis, Genuinus, Nativus, Naturalis
본성리학(本性理學)	Philosophia
본성리학(本性理學)하는 자(者)	Philosophus
본(本)집	Domicilium
본체(本體)	Essentia
본체(本體)로	Substantialiter
본체(本體)의	Substantialis
본토(本土)	Proprium
본토(本土)의	Gentilis
본토인(本土人)	Incola
볼 만한	Conspicuus
볼기	Clunis
볼따귀	Malae
볼때기	Gena
볼록한	Convexus
볼만한	Spectabilis

볼모	Arrha, Pignus
볼모 두다	Oppignero
볼모 세움	Oppigneratio
봄 [*視]	Intuitus, Visio, Visus
봄 [*春]	Ver
봄의	Vernus
봇짐	Fascis, Sarcina
봉(封)하다	Obsigno, Sigillo
봉교인(奉敎人)	Christianus, Christicola
봉오리	Apex
봉지(封紙)	Involucrum
봉황(鳳凰)	Aquila
부끄러운	Ignominiosus, Probrosus, Pudendus
부끄러움	Probrum, Propudium, Pudor, Verecundia
부끄러움 없이	Inverecunde
부끄러워하다	Erubesco, Pudeo, Verecundor
부끄럽게	Probrose, Verecunde
부끄럽게 하다	Rubefacio
부끄럽게 함	Confusio
부끄럽다	Erubesco
부당(不當)하게	Inepte, Praepostere
부당(不當)한	Ineptus, Praeposterus
부당(不當)히	Contra
부대(富大)한	Turgidus
부드러운	Delicatus, Flexibilis, Vitilis
부드러워지다	Mollesco
부드럽게	Molle
부드럽게 하다	Emollio
부드럽고 연(軟)하게	Delicate
부득불(不得不)	Necessario

부들	Scirpus, Sporta
부들의	Scirpeus
부딪다	Illido
부딪히다	Elido, Infligo, Offenso
부러뜨리다	Rumpo
부러워하다	Desidero
부러워할 만한	Desiderabilis
부러짐	Fractura, Infractio
부로(父老)들	Seniores
부르다	Appello, Cito, Invoco, Nuncupo, Voco
부르짖다	Imploro, Rugio, Ululo, Vociferor
부르짖음	Ululatus, Vociferatio
부르튼 것	Pustula
부름	Convocatio, Invocatio, Nominatio, Vocatio
부릅뜬	Torvus
부릅뜸	Torvitas
부리	Rostrum
부리는 짐승	Jumentum
부리다	Deonero, Exonero
부모(父母)	Parentes
부부(夫婦)	Conjux
부부(夫婦) 갈림	Divortium
부비(浮費)	Dispendium, Expensum
부삽	Virilia
부서트리다	Contero
부수다	Protero
부스러기	Mica, Minutia, Particula
부스럼	Ulcus
부시돌	Silex
부아	Pulmo

부엌	Culina
부은	Elatus, Tumidus, Turgidus
부은 것 내리다	Detumesco
부은 증(症)	Inflatio
부음	Fusio, Inflatio, Infusio
부인(婦人)	Matrona
부자(富者)	Dives, Locuples
부자(富者) 되어가다	Opulesco
부자(富者)되게 하다	Dito, Locupleto
부자(富者)되다	Ditesco
부정(不正)하게	Inhoneste
부정(不淨)하게	Impure
부정(不正)한	Inhonestus, Pravus
부정(不淨)한	Immundus, Impurus
부정(不正)함	Inhonestas, Pravitas
부정(不正)히	Prave
부제(副祭)	Diaconus, Levita
부제품(副祭品)	Diaconatus
부족(不足)한	Expers, Indigentia, Insufficiens, Insufficientia, Privatio, Privatus
부주교(副主敎)	Coadjutor
부증(浮症)	Tumor, Vomica
부지런한	Assiduus, Attentus, Curiosus, Diligens, Industrius, Sedulus
부지런함	Curiositas, Diligentia, Sedulitas
부지런히	Assidue, Curiose, Diligenter, Naviter, Observanter, Sedulo, Studiose
부지런히 하다	Elaboro, Navo
부지불각(不知不覺)에	Improvise *vel* Improviso, Inopinate
부질없이	Incassum *vel* In cassum
부질없이 흩어버림	Prodigalitas

부채	Flabellum
부총관(副摠管)	Proconsul
부추기다	Stimulo
부치다	Trado
부친(父親)	Genitor, Parens, Pater
부탁(付託)하다	Commendo, Committo, Mando, Sequestro
부터	A. A primo., A. ab, abs, (prae. abl.), Abhinc
부풀다	Intumesco
부(富)하다	Abundo
부(富)한	Opulentus
부(富)함	Abundantia, Opulentia
부활(復活) 전(前) 통고(通告) 날	Parasceve
부활첨례(復活瞻禮)	Pascha
부활첨례(復活瞻禮)의	Paschalis
부활(復活)케 하다	Resuscito, Suscito
부활(復活)하다	Resurgo
부활(復活)함	Resurrectio
북	Tympanum
북나무	Sambucus
북돋우다	Irrito
북망산(北邙山)	Coemeterium
북방(北方)	Aquilo
북치는	Tympanizans
북편(北便)	Septentrio
북편(北便)의	Septentrionalis
북풍(北風)	Aquilo
분	Persona
분(粉)	Farina, Fucus
분(忿) 가라앉힘	Pacatio
분(忿)하여 하는	Indignans

분(忿)하여 하다	Indignor
분(忿)하여 함	Indignatio
분간(分揀) 없는	Indifferens
분간(分揀) 있게	Partite
분간(分揀)하다	Separo
분(忿)내는	Indignans
분(忿)내다	Exardesco, Indignor, Irascor
분노(忿怒)	Acerbitas, Indignatio, Ira
분노(忿怒)로	A. Ab ira.
분노(忿怒)케 하다	Exarcerbo
분노(忿怒)하다	Irascor, Stomachor
분노(忿怒)함	Effervescentia, Iracundia
분노(忿怒)히	Iracunde
분명(分明)히	Distincte
분배(分配)하다	Assigno, Determino, Dispenso
분별(分別)	Discrimen
분별(分別)없음	Indifferentia
분별(分別)없이	Indifferenter, Indiscriminatim
분별(分別)하다	Abduco, Cerno, Decerno, Dignosco, Dijudico, Discerno, Distinguo, Secerno
분별(分別)함	Delectus, Discretio, Distinctio
분부(分付)	Praeceptum
분부(分付)하다	Impero, Jubeo, Mando, Praescribo, Statuo
분부(分付)함	Jussio, Praescriptio
분산(分散)함	Alienatio
분석(分析)하다	Discutio
분수(分數)	Status
분심(分心)	Distractio
분외(分外)에	Indebite
분외(分外)의	Indebitus
분정(分定)하다	Describo

분지르다	Confringo
분파(分派)하다	Divido
분파(分派)할 만한	Divisibilis
분파(分派)함	Divisio
분판(粉板)	Pugillare
분향(焚香)함	Incensum
붇게 함	Multiplicatio
불	Flamma, Ignis, Lumen
불 무더기	Rogus
불 붙이다	Flammo, Incendo, Succendo
불 뿜는	Ignivomus
불 일어나다	Ignesco
불 토(吐)하는	Ignivomus
불가마	Clibanus
불가(不可)하게	Illicite
불가(不可)한	Illicitus, Nefastus
불가(不可)한 것	Nefas
불공(不恭)한	Irreverens
불공(不恭)함	Irreverentia
불공(不恭)히	Irreverenter
불깃	Fomes
불꽃	Flamma
불꽃 일어나다	Flagro
불꽃 일어남	Flagrantia, Inflammatio
불남	Incendium
불내다	Inflammo
불다 [*고하다]	Denuntio
불다 [*바람을 불다]	Aspiro, Flo, Sufflo
불똥	Scintilla
불똥 지우다	Emungo

불똥 지움	Emunctio
불똥 튀다	Scintillo
불량(不良)한	Improbus
불량(不良)	Immitis
불러온	Citus
불모	Obses
불목(不睦)	Discordia, Dissensio, Dissidium
불목(不睦)하다	Discordo
불방울	Scintilla
불벼룩	Favilla
불붙이다	Inflammo
불붙임	Inflammatio
불사르다	Accendo
불순(不順)한	Adversus, Inclemens, Indocilis
불순(不順)한 일기(日氣)	Intemperies
불순(不順)함	Inclementia
불순지사(不順之事)	Adversitas
불쌍한	Miser
불쌍함	Miseria
불쌍히	Misere
불쌍히 여기는 자(者)	Miserator
불쌍히 여기다	Compatior, Misereor, Miseror
불쌍히 여김	Commiseratio, Compassio, Miseratio
불쑥한	Convexus
불안(不安)한	Inquietus
불어나게 하다	Multiplico
불에 태우다	Cremo
불의	Igneus
불의(不義)	Injustitia
불의(不義)한	Injustus

불의(不義)히	Injuste
불지르는 자(者)	Incendiarius
불착(不着)함	Negligentia
불초(不肖)한	Degener
불태우다	Inuro
불편(不便)케 하다	Incommodo
불편(不便)한	Incommodus
불평(不平)한	Irrequietus
불합(不合)하다	Repugno
불합(不合)한	Discors, Dissonus
불합(不合)함	Discrepantia
불행(不幸)한	Infaustus, Infelix, Infortunatus
불행(不幸)함	Infelicitas, Infortunium
불행(不幸)히	Infeliciter
불화(不和)하다	Dissono
불화(不和)함	Dissensio
불효(不孝)하게	Impie
불효(不孝)한	Impius
불효(不孝)함	Impietas
붉게 하다	Rubefacio
붉다	Rubeo
붉어지다	Rubesco
붉은	Purpureus, Ruber
붉은 머리	Calvities
붉은 빛	Purpura
붉음	Rubor
붊	Afflatus, Insufflatio, Sufflatus
붓	Penicillum
붓게 하다	Tumefacio
붓는 병(病)	Tumor

붓다 [*부어오르다]	Conflo, Cresco, Intumesco, Tumeo, Tumesco, Turgeo
붓다 [*쏟다]	Effundo, Infundo
붓대	Calamus
붕우(朋友)	Amicus
붕우(朋友)의	Amicus
붙는	Glutinosus
붙다	Inhaereo
붙들다	Adjuvo, Detineo, Prehendo, Sustineo, Teneo
붙들어 둠	Retentio
붙이다	Addico, Adhaereo, Applico, Ascribo, Copulo, Haereo, Inolesco, Irrogo
붙임	Applicatio
붙잡다	Deprehendo
비 [*빗자루]	Scopa, Scopae
비 [*雨]	Imber, Pluvia
비 가진 구름	Nimbus
비 묻은	Nimbosus
비 오다	Pluo
비(碑)	Monumentum
비가 잦은	Pluviosus
비게	Inaniter, Vacue
비결(秘訣)	Prophetia
비관(鼻官)	Odoratus, Olfactus
비교(比較)	Collatio
비교(比較)하다	Confero
비교(比較)함	Comparatio
비기다	Adaequo, Aequo, Comparo
비녀	Acus, Fibula
비누	Sapo
비늘	Squama
비늘 많은	Squamosus

비다	Vaco
비둘기	Columba, Turtur
비로소	Principium
비록	Esto, Etisi, Licet, Quamvis, Quanquam vel Quamquam, Tametsi
비록 그럴지라도	Attamen
비루(鄙陋)한	Abjectus
비루(鄙陋)히	Abjecte
비밀(秘密)한	Arcanus, Clandestinus, Mysticus, Secretus
비밀(秘密)한 것	Secretum
비밀(秘密)한 곳	Secretarium
비밀(秘密)히	Secreto
비방(誹謗)	Censura
비범(非凡)한	Eximius, Extraordinarius, Impromiscuus, Praeclarus
비범(非凡)히	Conspicue, Eximie, Praeclare
비상(非常)한	Insignis
비소(誹笑)하는 자(者)	Derisor
비소(誹笑)하다	Ludifico
비소(誹笑)할 만한	Derisorius
비소(誹笑)함	Derisio, Ludibrium
비수(匕首)	Pugio
비습(卑濕)한	Aquosus
비슷하다	Assimilo
비슷한	Finitimus, Similis
비슷함	Similitudo
비싸게	Care
비싼	Carus
비쌈	Caritas
비오게 하다	Pluo
비우다	Evacuo, Inanio, Vacuefacio, Vacuo
비웃다	Illudo, Irrideo, Subsanno

비웃음	Illusio, Irrisio, Subsannatio
비위(脾胃)	Stomachus
비유(比喩)	Collatio, Figura, Parabola, Proverbium, Suppositio
비유(比喩)하다	Suppono
비유(比喩)하여	Metaphorice
비자(婢子)	Serva
비적(秘跡)	Sacramentum
비질하다	Verro
비창(悲愴)히	Lugubre
비천(卑賤)한	Abjectus
비천(卑賤)함	Ignobilitas
비천(卑賤)히	Abjecte, Ignobiliter
비추다	Accendo, Clareo, Corusco, Illumino, Illustro, Luceo, Mico, Splendeo
비춤	Illuminatio
비침	Fulgor, Jubar
비(比)컨대	Puta, Utputa
비탈	Proclivium
비틀거리는 듯이	Titubanter
비틀거리다	Titubo
비틀거림	Titubatio
비틀다	Contorqueo
비파	Cithara
비(比)하다	Assimilo, Similo
비(比)하다	Comparo
비(比)하여	Comparate, Relative
비(比)하지 못할	Incomparabilis
비(比)할 만한 것	Comparabilis, Comparativus
비(比)함	Comparatio
빈	Cassus, Inanis, Vacuus
빈 곳	Eremus, Solitudo

빈 데	Vacuum
빈 들	Desertum
빈객(賓客)	Hospes
빈몸	Inermis
빈핍(貧乏)하다	Egeo
빈핍(貧乏)함	Egestas
빌 수 없는	Inexorabilis
빌다	Deprecor, Oro
빌려 쓰다	Mutuo, Mutuor
빌리다	Accommodo, Commodo
빌어먹는 사람	Mendicus
빌어먹는 처지(處地)	Mendicitas
빌어먹다	Mendico
빌어먹음	Mendicatio
빔	Vacuitas
빗	Pecten
빗겨	Oblique
빗기게	Transverse
빗기게 하다	Obliquo
빗긴	Obliquus, Transversus
빗김	Obliquitas
빗자루	Everriculum, Scopa
빗장	Obex
빙(氷)	Glacies
빙거(憑據)	Argumentatio, Cautio, Indicium, Pignus, Signum
빙거(憑據) 있는	Authenticus, Probabilis
빙거(憑據)하는 것	Testamentum
빙거(憑據)함	Probatio
빙문(憑文)	Diploma
빚	Debitum, Mutuum

빚주다	Feneror *vel* Foeneror
빚준 돈	Creditum
빚줌	Mutuatio
빚진 자(者)	Debitor
빛	Aurum, Candor, Color vel Colos, Claritas, Fulgor, Jubar, Lumen, Luminar, Lux, Splendor
빛 궂은	Decolor
빛나게	Splendide
빛나게 하다	Illustro
빛나는	Lucifer, Luminosus, Splendidus
빛나다	Corusco, Fulgeo, Pelluceo, Splendeo
빛나지다	Splendesco
빛난	Fulgidus, Pellucidus
빛띤 자(者)	Lucifer
빠르게	Alacre, Alacriter, Velociter
빠른	Agilis, Alacer, Celer, Praeceps, Promptus, Rapidus, Strenuus, Velox, Volucer
빠름	Agilitas, Alacritas, Celeritas, Rapiditas, Strenuitas, Velocitas
빠져나감	Evasio
빠지게 사랑하다	Adamo
빠지다	Cado, Decido, Detumesco, Incido, Incurro
빠진	Omissus
빠짐	Immersio
빨다	Sugo
빨래하는 자(者)	Lotor
빨리	Agiliter, Celeriter, Cito, Prompte, Rapide
빨리 가다	Celero
빨리 깨닫다	Resipisco
빨리 깨달음	Resipiscentia
빻다	Contundo

빼나다	Avello, Deplanto, Eruo, Excello
빼다	Abrogo, Decerpo, Eradico, Eripio, Evello, Exstirpo, Extraho, Revello, Vello
빼앗기 잘하는	Rapax
빼앗기 좋아하는 심사(心事)	Rapacitas
빼앗기 좋아하는 심사(心事)로	Rapaciter
빼앗김	Spoliatio
빼앗는 자(者)	Raptor
빼앗다	Abripio, Adimo, Arripio, Avello, Corripio, Detraho, Diripio, Eximo, Extorqueo, Rapio, Rapto, Spolio, Subtraho
빼앗아가다	Abripio
빼앗은 것	Raptum
빽빽게 하다	Spisso
빽빽하게	Dense
빽빽하여 가다	Spissesco
빽빽한	Densus, Spissus
빽빽한 것	Compactus
빽빽함	Densitas
빽빽히	Spisse
뺨	Gena, Malae
뺨치다	Colaphizo
뺨침	Colaphus
뻣뻣하다	Rigeo
뻣뻣한	Rigidus
뼈	Os
뼈까지	Medullitus
뼈로 만든	Osseus
뼈마디	Artus
뼈의	Osseus
뽑다	Deplanto, Eligo, Eradico, Evello, Exstirpo

뽑아냄	Convulsio
뽑아버리다	Revello
뽑음	Exstirpatio, Extractio
뽑힘	Optio
뾰족하게 하다	Cacumino
뾰족한	Acutus
뾰족함	Aculeus, Acumen
뿌리	Radix, Stirps
뿌리까지	Radicitus
뿌리다	Aspergo, Conspergo, Dispergo, Respergo, Spargo
뿌리로부터 베다	Succido
뿌림	Dispersio
뿐	Duntaxat, Solum, Tantum
뿔	Cornu
삣친 점	Comma

사

사(四) 년(年)	Quadriennium
사공(沙工)	Nauclerus, Nauta
사교자(司敎者)	Pontifex
사귀다	Societas
사귐	Amicitia
사금파리	Rudus
사기(史記)	Historia
사기(史記)쓰는 자(者)	Historicus
사기(史記)의	Historicus
사나운	Acerbus, Crudelis, Ferox, Immitis, Improbus, Inclemens, Turbulentus
사나운 기운(氣運)	Intemperies
사나운 말	Acer. Acer equus.
사나운 사람	Acerbus. Vir naturae acerbae.
사나운 짐승을 죽였다	Abjicio. Abjecit belluam. (Cic.)
사나움	Ferocitas, Improbitas, Inclementia, Saevitia
사납게	Crudeliter, Ferociter
사내	Mas, Vir
사내의	Masculus, Virilis

사내지위(之爲)	Virilitas
사냥꾼	Venator
사냥하는 창(槍)	Venabulum
사냥하다	Venor
사냥함	Venatio
사는 데	Domicilium
사는 사람	Emptor
사다	Emo, Mercor
사닥다리	Scala
사당(祠堂)	AEdes
사도(邪道)의	Superstitiosus
사돈(査頓)	Affinis
사두마차(四頭馬車)	Quadriga
사라지다	Evanesco, Vanesco
사람	Homo, Persona
사람의	Humanus
사랑	Affectus
사랑스럽게	Amabiliter, Amice
사랑으로	Amanter
사랑하는	Amabilis, Amator, Carus
사랑하다	Amo, Diligo
사랑한	Charus, Dilectus
사랑함	Amor, Dilectio
사로잡힌 자(者)	Captivus
사로잡힘	Captivitas
사르다	Comburo, Cremo, Exuro, Uro, Ustulo
사름	Combustio, Ustio
사마(死魔)	Zabulus
사마귀	Naevus, Verruca
사맞 뚫다	Perforo, Transfodio

사맟 찌르다	Transfigo
사맟 찌름	Transfixio
사맞다	Penetro, Transigo
사모(紗帽)	Pileus
사무치다	Intimo
사발(沙鉢)	Scutella
사방(四方)에	Circum, Passim
사방(四方)에서	Undecumque, Undeique
사방(四方)으로	Undequaque
사방(四方)으로 향(向)하여	Quaquaversus
사백(四百)	Quadringenti
사백(四百) 번(番)	Quadringenties
사백(四百)째	Quadringentesimus
사본요리문답(四本要理問答)	Catechismus
사분지일(四分之一)	Quadrans
사사(私私)로운	Peculiaris, Privatus, Singillatim
사사(私私)로이	Privatim, Singulariter
사상(寫像)	Simulacrum
사상(邪象)	Idolum
사세(事勢)	Circumstantia
사슬	Catena, Vinculum et Vinclum
사슬로 맺다	Cateno
사슴	Cervus
사신(使臣)	Angelus, Apostolus, Caduceator, Legatus
사신(邪神)	Dii, Idolum
사신(邪神) 공경(恭敬)하는 자(者)	Idololatres
사신(使臣) 보냄	Legatio
사신(邪神) 흠숭(欽崇)함	Idololatria
사신당(祠神堂)	Fanum
사십(四十)	Quadraginta

사십(四十)된	Quadragenarius
사십일(四十日) 대재(大齋) 때	Quadragesima
사십일(四十日) 대재(大齋) 때의	Quadragesimalis
사십일(四十日)의	Quadragesimalis
사양(辭讓)하다	Abdico, Abjuro, Abnuo, Cedo, Concedo, Denego, Recuso, Repudio
사양(辭讓)함	Recusatio
사업(事業)	Conditio, Negotium, Professio
사욕(邪慾)	Libido
사욕(私慾)	Appetitus, Concupiscentia
사위	Gener
사음(邪婬)	Adulterium, Fornicatio, Impudicitia, Stuprum
사음(邪婬) 행(行)하다	Moechor
사음(邪婬) 행하다	Fornicor
사음(邪淫)의	Spurius
사음(邪婬)하다	Adultero, Stupro
사이	Intervallum, Spatium
사이 없는	Immediatus
사이 없이	Immediate
사이 있게	Mediate
사이에	Inter, Intra
사이에 두다	Interpono
사자(獅子)	Leo
사자(獅子) 새끼	Leunculus
사자(獅子) 소리	Rugitus
사자(獅子) 소리 내다	Rugio
사장(射場)	Stadium
사정(事情)	Negotium, Res
사졸(士卒)	Copiae
사죄경(赦罪經)	Absolutio
사진(寫眞)	Effigies

사촌(四寸)	Patruelis
사치(奢侈)함	Luxus
사탕	Saccharum
사태(死胎)하다	Aborto
사특(邪慝)한	Immodestus, Impudicus
사특(邪慝)함	Lascivia
사특(邪慝)히	Lubrice
사(赦)하다	Absolvo, Remitto
사(赦)하지 못할	Irremissibilis
사(赦)할 만한	Remissibilis
사(赦)함	Absolutio, Remissio
사환(使喚)	Famula, Famulus
사환(使喚)함	Famulatus
사흗날에	Tertius. Tertia die.
사흘	Triduum
사흘 밤	Trinoctium
사흘의	Triduanus
삭다	Putresco
삭발(削髮)	Tonsura
삭은	Puter, Putridus, Vapidus
삭직(削職)하다	Destituo
삭이다	Digero
삭히다	Coquo, Putrefacio
삯	Emolumentum, Merces, Pretium, Salarium
삯 받는	Operarius
삯 줌	Conductio
삯꾼	Mercenarius, Operarius
산	Vitalis, Vivus
산(山)	Mons
산(山) 맞히는 소리	Echo

산(山)골	Vallis
산(山)도야지	Aper
산(山)도야지 털	Seta
산란(散亂)함	Diffusio
산란(散亂)히	Diffuse
산모(産母)	Puerpera
산(山)봉우리	Summitas
산부(産婦)	Puerpera
산(山)비탈	Proclive
산성(山城)	Castellum
산성(山城) 병영(兵營)	Arx
산양(山羊)	Capra
산업(産業)	Haereditas *vel* Hereditas
산(山)의	Montanus
산(山)지기	Hortulanus
산적(山賊)	Aper
살 [*가는 대]	Dens, Jaculum, Stimulus
살 [*肉]	Caro
살 찢다	Carnifico
살게 하는	Vivificus
살게 하다	Vivifico
살년(殺年)	Fames
살다	Habito, Incolo, Inhabito, Vegeto, Victito, Vivo
살모사(殺母蛇)	Vipera
살별	Xiphias
살붙이	Consanguineus, Necessitudo
살붙이 되는	Consanguineus
살아 있다	Supervivo
살육(殺戮)	Caedes, Clades
살인(殺人)	Homicidium

살인자(殺人者)	Carnifex, Homicida, Sicarius
살지게 하다	Impinguo, Sagino
살진	Crassus, Obesus, Opimus, Pinguis
살집	Obesitas
살쪄가다	Crassesco
살찌게	Pinguiter
살찌게 하다	Pinguefacio
살찌다	Pinguesco
살찜	Adeps, Pinguedo
살펴	Observanter, Perspecte
살펴 생각하다	Recogito
살펴 찾다	Perquiro
살펴보는 자(者)	Observator, Speculator
살펴보다	Inspecto, Speculor
살펴봄	Speculatio
살피는	Accuratus
살피는 이	Quaestor
살피다	Exploro, Inspicio
살핌	Recognitio
삵	Vulpes
삼 [*麻]	Cannabis, Cannabum
삼 [*買]	Emptio
삼(三) 년(年)	Triennium
삼(三) 년(年)의	Triennis
삼가	Accurate, Caute, Considerate, Delicate, Diligenter, Emendate, Exquisite, Intente, Sedulo, Sollicite
삼가 읽다	Perlego
삼가는	Accuratus, Cautus, Diligens
삼가다	Caveo, Curo, Satago
삼감	Cautio, Cura, Diligentia, Sedulitas
삼다	Adopto, Constituo

삼백(三百)	Trecenti
삼백(三百) 번(番)	Trecenties
삼백(三百)째	Trecentesimus
삼베	Tela
삼십(三十)	Triginta
삼왕내조(三王來朝)	Epiphania
삼위(三位)	Trinitas
삼은	Adoptivus
삼음	Adoptio
삼종경(三鐘)	Angelus
삼지창(三枝槍)	Furca
삼촌(三寸)	Patruus
삼층(三層) 방(房)	Tristega
삼키다	Absorbeo, Deglutio, Devoro, Glutio, Haurio, Ingurgito, Sorbeo
삼킴	Absorptio
삼품(三品) 받은 이	Exorcista
삼품천신(三品天神)	Throni
상(像)	Imago, Statua
상(床)	Credentia, Mensa
상(賞)	Merces, Praemium, Pretium
상(賞) 받을	Meritorius
상(賞) 주는 자(者)	Remunerator
상(賞) 주다	Dono, Doto, Gratificor, Munero, Remunero, Retribuo
상(賞) 줌	Remuneratio, Retributio
상(傷)치 못할	Impassibilis
상(傷)하다	Ferio, Offendo, Violo
상(傷)한	Saucius
상(傷)한 것	Plaga
상(傷)한 곳	Vulnus
상(傷)함	Offensa

상거(相距)	Distantia
상고(詳考)함	Approbatio
상관(相關)되는 것	Sequela
상관(相關)되다	Specto
상관(相關)됨	Relatio
상관(相關)있다	Attineo
상급(賞給)	Praemium, Xenium
상대(相對)하다	Coalesco, Obsto
상대(相對)함	Oppositio
상등통회(上等痛悔)	Contritio
상량(商量)하다	Delibero
상량(商量)함	Deliberatio
상마(上馬)	Equus
상(常)말	Proverbium
상(常)말로	Proverbialiter
상반(相反)케	Contrarie
상반(相反)하게	Adverse
상반(相反)하다	Adversor
상반(相反)한	Adversus, Contrarius, Oppositus
상반(相反)함	Adversitas
상복(喪服)	Lugubria
상본(像本)	Effigies, Imago, Icon
상(常)사람	Plebs, Vulgus
상사(喪事)의	Funebris
상생(相生)	Salus
상성(上聲)	Accentus
상성(喪性)하는	Furens
상성(喪性)하다	Furo
상성(喪性)한	Furibundus, Furiosus
상수리	Glans

상(常)스러운	Popularis
상(常)스러운 희롱(戲弄)	Scurrilitas
상(常)스럽게	Populariter, Scurriliter
상(常)스럽게 희롱(戲弄)하는	Scurrilis, Scurror
상아(象牙)	Ebur
상아(象牙)의	Eburneus
상약(相約)하다	Convenio
상(狀)없는 말	Absurdum
상(狀)없이	Absurde
상자(箱子)	Arca, Capsa
상적(相敵)함	Oppositio
상전(上典)	Herus
상전(上典)의	Herilis
상종(相從)하다	Frequento
상직(上直)	Excubiae
상직(常直)	Vigilantia
상처(傷處)	Plaga, Vulnus
상칭(相稱)하게	Proportionaliter
상칭(相稱)하다	Compenso
상칭(相稱)한	Condignus
상칭(相稱)한 벌(罰)	Talio
상칭(相稱)함	Proportio
상통(相通)하다	Communico
상통(相通)함	Communicatio, Communio
상피(相避)	Incestum
상피(相避)한	Incestus
상해(傷害) 오다	Ico
상해(傷害)하다	Laedo, Saucio, Vulnero
상해(傷害)한	Saucius
상해(傷害)함	Laesio

상(常)히	Semper
새 [*新]	Novus
새 [*鳥]	Avis, Volucris
새 날개	Ala
새 낫	Falx
새 없는	Continuus
새것	Novitas
새겨 깁다	Resarcio, Sarcio
새기는 장인(匠人)	Sculptor
새기다	Caelo, Excudo, Insculpo, Sculpo
새긴	Sculptilis
새긴 것	Sculptura
새긴 주석(柱石)	Toreuma
새김장이	Sculptor
새끼	Fetus *vel* Foetus, Proles, Pullus, Soboles
새끼 밴	Praegnans
새끼 침	Pullatio
새다	Illucesco
새둥우리 얽다	Nidifico
새로 배우는 자(者)	Tirunculus
새로 있는	Novus
새로움	Novitas
새로이	Nove, Noviter
새롭게 하다	Innovo, Novo
새롭게 함	Novatio
새벽	Aurora, Diluculum, Gallicinium
새집	Nidus
새집 짓다	Nidifico
새털	Pluma
새털의	Plumeus

색리(色吏)	Telonearius
색시	Puella
샘	Fons, Scaturigo
샘 문(門)	Orificium
샛계집	Adulter
샛별	Lucifer
샛서방(書房)	Adulter
생각	Idea
생각 못한	Inopinatus
생각 없이 있는	Inopinans
생각하다	Arbitror, Censeo, Cogito, Commemoro, Existimo, Opinor, Puto, Reor, Sentio
생각한	Ratus
생각함	Cogitatio, Commemoratio, Existimatio
생강(生薑)	Zingiber
생(生)된	Crudus
생(生)됨	Cruditas
생명(生命)	Anima, Salus, Vita
생명(生命) 끊어진	Inanimatus, Inanimis
생명(生命) 없는	Inanimatus, Inanimis
생명(生命) 있는	Vivus
생명(生命) 주는	Vivificus
생명(生命) 주다	Vivifico
생명(生命) 줌	Vivificatio
생명(生命)에 이익(利益)한 것 가진	Salutifer
생명(生命)에 좋은	Salutaris
생명(生命)을 이어가다	Victito
생명(生命)의	Vitalis
생명(生命)의 요긴(要緊)한 지체(肢體)	Vitalia

생모(生母)	Genitrix
생부(生父)	Genitor
생선(生鮮)	Piscis
생소(生疏)하여 가다	Desuesco
생소(生疏)하여 감	Desuetudo
생소(生疏)한	Inexpertus, Novitius
생일(生日)	Natalis
생일(生日)의	Natalitius
생채(生菜)	Lactuca
생청(生淸)	Mel
생활(生活)케 하다	Animo
생활(生活)한	Vividus
생활(生活)함	Vivacitas
생활(生活)히	Vivaciter
서(序)	Praelusio
서남풍(西南風)	Zephyrus
서(西)녘	Occidens
서다	Sto
서랑(壻郞)	Gener
서로	Invicem, Mutuo, Vicissim
서로 같은	Mutuus
서로 같이 한	Reciprocus
서로 같이 함	Reciprocatio
서로 같지 아니하다	Abhorreo
서로 같지 아니함	Disparitas
서로 다른	Oppositus
서로 부딪치다	Collido
서로 사랑하다	Redamo
서로 합(合)하다	Cohaereo
서로 화(和)하는 노래 소리	Concentus

서로의	Vicarius
서른	Triginta
서른 번(番)	Trigesies
서른씩	Triceni
서른째	Trigesimus
서리	Pruina
서리(書吏)	Scriba, Secretarius
서모(庶母)	Noverca
서문(序文)	Praefatio, Prooemium
서사(書士)	Secretarius
서속(黍粟)	Milium
서찰(書札)	Epistola
서투른	Inassuetus, Novitius, Tirunculus
서편(西便)	Occidens
서편(西便)에 있는	Occidentalis
서편(西便)의	Occidentalis
석 달의	Trimestris
석류(石榴)	Granatum, Malogranatum
석상(石像)	Statua
석탄(石炭)	Carbo
석필(石筆)	Graphium
석회(石灰)	Calx
섞다	Confundo, Immisceo, Misceo
섞음	Mixtio, Mixtura
섞이다	Commisceo
섞이지 아니한	Impromiscuus
섞임	Commistio *vel* Commixtio
섞임 없이	Mere
섞지 않은	Merus
선 것	Crudus

선(線)	Limbus
선(善)	Bonum
선(善)하게	Moraliter
선(善)한	Bonus
선견(先見)	Providentia
선물(膳物)	Datum, Donum, Munus, Oblatum
선물(膳物)함	Donatio
선생(先生)	Praeceptor, Professor, Magister
선생(先生) 직분(職分)	Magisterium
선인(船人)	Nauta
선인(先人) 계적(繼蹟) 못하는	Degener
선인(先人) 계적(繼蹟) 못하다	Degenero
선종(善終)하다	Obdormio. Obdormire in Domino.
선주(船主)	Nauclerus, Navarchus
선지자(先知者)	Propheta, Vates, Videns
선지(先知)하는 여인(女人)	Prophetissa
선지(先知)하다	Vaticinor
선행(善行)	Moralitas
선행(善行)하는 자(者)	Moratus
설(雪)	Nix
설만(褻慢)하다	Profano
설만(褻慢)함	Profanatio
설사(泄瀉)	Dysenteria
설사(泄瀉)함	Purgatio
설어 가다	Desuesco
설어 감	Desuetudo
설익은	Immaturus
섧	Cruditas
섬	Insula
섬기다	Asservio, Deservio, Famulor, Honoro, Inservio, Ministro, Servio, Vereor

성(性)	Substantia
성(城)	Moenia, Murus
성(姓)	Cognomen
성가(聖歌)	Canticum, Hymnus
성가기계(聖歌器械)	Psalterium
성가시게	Fastidiose
성가신	Molestus
성가심	Fastidium
성경(聖經)	Biblia, Evangelium, Scriptura. Scriptura sacra., Testamentum. Testamentum Vetus, et Novum.
성교회(聖敎會)	Ecclesia
성교회(聖敎會) 예절법(禮節法)	Liturgia
성교회(聖敎會) 품급(品級)	Hierarchia
성교회(聖敎會)의	Ecclesiasticus
성낭(聖囊)	Bursa
성내다	Irascor
성냥하다	Cudo
성당(聖堂)	Ecclesia, Sanctuarium
성당(聖堂) 문간(門間)	Pronaus
성당(聖堂) 물건(物件) 두는 방(房)	Sacrarium, Sacristia
성당(聖堂)지기	Sacrista
성명(姓名)	Nomen
성모승천(聖母昇天)	Assumptio
성모영보(聖母領報)	Annuntiatio
성문(城門) 밖	Suburbium
성물고(聖物庫)	Sanctuarium
성(城)밖	Ager
성사(聖事)	Sacramentum
성사(聖士)	Doctor
성사(聖史)	Evangelista
성사(聖事)의	Sacramentalis

성세(聖洗)	Baptismus
성수(聖水) 그릇	Aspergillum
성수(聖水)채	Aspergillum, Gossypium
성신(星辰)	Astrum, Sidus, Stella
성신강림(聖神降臨)	Pentecoste
성실(誠實)케 하다	Fecundo
성실(誠實)하여 가다	Invalesco
성실(誠實)한	Fecundus, Maturus
성실(誠實)함	Fecunditas
성실(誠實)히	Sincere
성영(聖詠)	Psalmus
성영(聖詠) 노래하다	Psallo
성영(聖詠) 외움	Psalmodia
성영(聖詠) 지은 자(者)	Psalmista
성영책(聖詠冊)	Psalterium
성(城)의	Muralis
성의(聖衣)	Scapularium
성인(聖人)	Beatus
성인(聖人)들	Sancti
성인품(聖人品)에 올리다	Beatifico
성작(聖爵)	Calix
성작(聖爵) 덮개	Palla
성작(聖爵) 씻는 수건(手巾)	Purificatorium
성적(聖蹟)	Miraculum
성정(性情)	Qualitas
성제(聖祭)	Missa
성조(聖祖)	Patriarcha
성찰(省察)	Examen
성찰(省察)하다	Examino
성체(聖體)	Eucharistia, Synaxis

성체(聖體) 모셔 두는 함(盒)	Pyxis
성체(聖體)의	Eucharisticus
성체(聖體)주다	Communico
성체포(聖體布)	Corporale
성총(聖寵)	Gratia
성(盛)치 아니한	Invalidus
성(盛)치 않게	Invalide
성탄(聖誕) 전(前)	Adventus
성품(性品)	Complexio, Indoles, Natura
성(盛)하다	Salveo, Valeo
성(盛)하여 가다	Floresco
성하여지다	Sanesco
성한	Incolumis, Salvus, Sanus, Sospes
성함	Sanitas
성(成)함	Crescentia
성해(聖骸)	Reliquiae
성황당(城隍堂)	Lucus
세 가지 노(櫓)	Triremis
세 가지의	Triplex
세 겹 된	Triplex
세 겹으로	Tripliciter
세 모양(模樣)으로	Tripliciter
세 배(倍) 되게 하다	Triplico
세 번(番)	Ter
세 번째	Tertio
세 살	Trimatus
세 살 된	Triennis
세 쪽 된	Tripartitus
세 해	Triennium
세(洗)	Baptismus

세(稅)	Tributum
세(稅) 바침	Pensio
세(稅) 받는 자(者)	Portitor
세(洗) 붙임	Tinctio
세(洗) 주다	Baptizo
세간(世間)	Supellex
세간(世間) 맡은	OEconomicus
세간(世間) 맡은 자(者)	Dispensator
세게	Acerbe
세계(世系)	Genealogia
세다	Caneo
세락(世樂)을 끊어버리다	Abrumpo. Abrumpere voluptates.
세력(勢力)	Vires
세마포(細麻布)	Byssus
세모진 것	Triangulum
세상(世上)	Mundus, Saeculum, Seculum vel Saeculum
세속(世俗)	Saeculum, Seculum vel Saeculum, Mundus
세속(世俗)의	Mundanus, Profanus, Saecularis
세속(世俗)적으로	Profane
세수(洗手)그릇	Pelvicula
세어지다	Canesco
세우다	Aedifico, Constituo, Construo, Erigo, Exstruo, Instituo, Sancio, Statuo, Struo
세운 것	Aedificium, Institutum
세운 자(者)	Institutor
세움	Adoptio, AEdificium, Constitutio, Constructio, Erectio, Fundatio, Institutio, Structio
센	Canus
센 사람	Cani
셋	Tertio, Tres, Trinus
셋씩	Terni

셋째	Tertius
소	Bos
소 소리지르다	Mugio
소 우는 소리	Mugitus
소견(所見)	Opinio, Sententia
소견(所見) 없는	Inconsideratus, Inconsultus
소견(所見) 없이	Inconsiderate
소견(所見) 있게	Discrete
소경 눈먼	Caecus
소경 되다	Caecutio
소경 됨	Caecitas
소곤거리는 소리	Susurrus
소곤거리다	Susurro
소곤거림	Susurratio
소국(小國) 임금	Regulus
소금	Sal
소금 그릇	Salinum
소금 넣다	Sallo
소년(少年)	Adolescens, Ephebus, Juvenis
소라	Limax
소리	Sonitus, Sonus, Vox
소리 나는	Sonorus
소리 나다	Sono, Reboo, Resono
소리 내다	Sono
소리 지르다	Clamo
소리남	Resonantia
소리지름	Proclamatio
소매	Manicae
소면병(素麵餠)	Azymus
소멸(消滅)하다	Abrumpo, Deleo, Extinguo, Vasto

소멸(消滅)함	Extinctio
소문(所聞)	Nuntium, Rumor
소박(素朴)함	Repudium
소반(小盤)	Mensa
소백의(小白衣)	Superpelliceum
소복(蘇復)하다	Convaleo
소복(蘇復)하여 가다	Invalesco
소비(消費)	Expensum, Sumptus
소비(消費) 많이 드는	Sumptuosus
소생(所生)의	Originarius
소솔(小率)	Familia
소슬바람	Turbo
소식(消息)	Nuntium, Praeconium
소식(消息) 전(傳)하는 자(者)	Nuntius, Prodromus
소식(消息) 전(傳)하다	Nuntio
소실(小室)	Concubina
소인(小人)	Homuncio
소인(小引)	Praefatio
소임(所任)	Ministerium, Munia, Officium
소재(小齋)	Abstinentia
소종래(所從來)	Consequens, Consequentia
소창(消暢)함	Recreatio
소출(所出)	Fetus vel Foetus, Fructus, Productio, Proventus
소출(所出) 있게	Fructuose
소출(所出) 있는	Fructuosus
소홀(疏忽)	Negligenter
소홀(疏忽)하다	Negligo
소홀(疏忽)함	Neglectus, Negligentia
소화(消化)하다	Digero
소화(消化)함	Digestio

속	Medulla
속 중(中)에	Interne
속곳	Femoralia
속껍질	Membrana
속담(俗談)	Proverbium
속담(俗談) 모양(模樣)으로	Proverbialiter
속량(贖良)하다	Emancipo
속량(贖良)하여 보냄	Manumissio
속마음	Penetralia
속살	Pulpa
속에	Inter, Interius, Intra, Intra, Intus
속에 두다	Ingero
속에 있는	Interior, Internus, Intestinus
속여	Fallaciter, Falso
속으로	Intrinsecus
속으로 흐르다	Subterfluo
속의	Interior
속이는	Fallax
속이는 자(者)	Deceptor
속이다	Decipio, Eludo, Fallo, Fraudo, Frustror, Fuco, Impono, Pellicio
속임	Deceptio, Fallacia, Supplantatio
속적삼(積衫)	Indusium
속전(贖錢)	Mulcta
속전(贖錢)으로 벌(罰)하다	Mulcto
속(速)한	Festinus
속(屬)한	Subditus
속(速)함	Celeritas
속(贖)함	Expiatio
속(速)히	Cito, Festine
손 [*손님]	Hospes

손 [*신체]	Manus
손 대접(待接) 잘하는	Hospitalis
손 되다	Hospitor
손 되어 다니다	Diversor
손가락	Digitus
손가락지를 바다에 던지다	Abjicio. Abjicere annulum in mare.
손궤(櫃)	Scrinium
손녀(孫女)	Neptis
손목가락지	Armilla
손바닥	Palma, Palmus, Vola
손뼉 치는 소리	Plausus
손뼉 치다	Plaudo
손상(損傷)치 못하는	Inviolabilis
손상(損傷)치 아니한	Inviolatus
손상(損傷)치 않은	Illaesus
손상(損傷)하다	Laedo
손수	Personaliter
손에	Penes
손으로 만든	Manufactus
손으로 받다	Accipio. Accipere manibus.
손의 책(冊)	Manuale
손자(孫子)	Nepos
손잡이	Manubrium
손재주	Ars, Dexteritas
손톱	Unguis
손해(損害)	Detrimentum
손해(損害) 나게 하다	Altero
솔	Penicillum
솔나무	Pinus
솔방울	Pinea

솜	Gossypium
솟다	Erumpo, Exorior, Scateo, Scaturio
솟아나다	Exorior, Oborior
송곳	Stimulus, Viriculum
송사(訟事)	Causa, Judicium, Lis, Litigium
송사(訟事)하기 습관(習慣)되다	Vitilitigo
송사(訟事)하다	Accuso, Litigo
송사(訟事)함	Accusatio
송사리	Pisciculus
송아리	Racemus
송아지	Vitellus, Vitulus
송양(頌揚)하는 글	Elogium
송양(頌揚)하다	Praedico
송장	Cadaver
송정(訟庭)	Tribunal
송진(松津)	Pix, Resina
솥	Caldaria, Lebes, Olla
쇠	Ferrum, Metallum
쇠 익히다	Procudo
쇠갓	Cassis
쇠기계(器械)	Ferramentum
쇠로 만든 것	Ferreus
쇠못	Clavus
쇠붓	Stilus *vel* Stylus
쇠스랑	Rastrum
쇠약(衰弱)한	Decrepitus
쇠연장	Ferramentum
쇠의	Ferreus
쇠하다	Depereo
수(水)	Aqua

수(數)	Numerus, Quantitas
수(數) 놓다	Calculo
수(數) 대로	Quotquot
수건(手巾)	Linteamen, Linteum, Mantele, Manutergium, Sudarium
수결(手決)	Signatura
수고	Opera
수고로운	Laboriosus
수고로이	Laboriose
수고롭게 하다	Fatigo
수고하다	Laboro
수군수군하다	Mussito
수근수근하다	Musso, Mutio
수난(受難)하다	Patior
수녀(修女)	Sanctimonialis
수녀원(修女院)	Claustra
수다(數多)한	Perplures, Superfluus
수단(手段)	Peritia
수단(手段) 없는	Imperitus
수단(手段) 없이	Imperite
수단(手段) 있음	Dexteritas
수대(手帶)	Manipulus
수도(修道)하는 자(者)	Monachus
수두(首頭)	Dux
수레	Curriculum, Currus, Plaustrum, Rheda, Vehiculum
수렴(收斂)하다	Colligo, Recolligo
수록	Tanto
수리	Vultur
수(數)많게	Numerose
수(數)많은	Numerosus
수목(樹木)	Arbor

수보(修補)하다	Refocillo
수사(修士)	Clericus, Monachus, Religiosus
수산양(山羊)	Haedus
수색(手色)	Mollitia
수수께끼 알아낼 수 없어서	Absolvo. Aenigma cum non posset absolvi.
수(繡)술	Fimbria
수습(修習)하다	Exerceo
수양(垂楊)나무	Viburnum
수양(收養)하다	Adopto
수염	Barba
수염(鬚髥) 아니 난	Imberbis
수운(輸運)하다	Proveho
수운(輸運)한	Provectus
수운(輸運)함	Exportatio
수원(修院)	Coenobium, Monasterium
수원회장(修院會長)	Abbas
수이자(水履子)	Caliga
수작(酬酌)	Conversatio
수작(酬酌) 하다	Conversor
수작(酬酌)함	Colloquium
수정(守貞)	Caelebs, Continentia
수정(守貞)하는	Continens
수줍은	Pudicus
수직(守直)	Excubiae, Vigilantia, Vigilia
수직(守直)하는	Vigil
수직(守直)하는 곳	Statio
수직(守直)하다	Vigilo
수직(守直)하여	Vigilanter
수직(守直)함	Custodia
수컷	Mas

수컷의	Masculus
수탉	Gallus
수태(受胎)	Conceptio
수태(受胎) 못하는	Sterilis
수태(受胎) 못함	Sterilitas
수태(受胎)하다	Concipio
수통(羞痛)한	Informis
수편(隨便)하여	Libitus. Ad libitum.
수표(手票)	Chirographus
수풀	Nemus, Rubus, Saltus, Silva
수풀 많은	Nemorosus
수풀의	Nemorensis, Silvester
수(壽)한	Grandaevus
수(壽)함	Grandaevitas
수혜자(水鞋子)	Ocrea
수환(手環)	Armilla
숙습(熟習)	Habitudo, Habitus
숙습(熟習)되다	Assuesco
숙습(熟習)됨	Assuetudo
숙습(熟習)지 못함	Imperitia
숙어지다	Declino
숙어진	Declivis, Pronus, Propensus
숙어짐	Declivitas, Inclinatio
숙이다	Inclino
순(筍)	Germen, Vitulamen
순경(順境)	Successus
순량(純良)하게	Dociliter
순량(純良)하게 하다	Mitigo
순량(純良)하여지다	Mitesco
순량(純良)한	Docilis

순량(純良)함	Docilitas
순량(純良)히	Leniter
순령수(巡令手)	Lictor
순명(順命)치 아니하는	Inobediens
순명(順命)치 아니함	Inobedientia
순명(順命)하는	Obediens
순명(順命)하다	Acquiesco, Obedio, Pareo, Subjaceo
순명(順命)함	Obedientia
순명(順命)히	Obedienter
순박(淳朴)한	Simplex
순수(順受)함	Assensus
순수(純粹)함	Conformitas
순전(純全)한	Ingenuus, Intemeratus, Merus, Purus, Simplex
순전(純全)함	Candor, Ingenuitas, Integritas, Simplicitas
순전(純全)히	Admodum, Ingenue, Mere, Pure, Simpliciter
순종(順從)하는	Obsequens
순종(順從)하다	Acquiesco, Obsequor, Obtempero
순종(順從)함	Obsequium
순(順)하게 하다	Mansuefacio
순(順)한	Mitis, Tractabilis
순(順)함	Tractabilitas
순환(循環)하다	Circueo
술 [*숟가락]	Cochlear *vel* Cochleare
술 [*酒]	Cochlear *vel* Cochleare, Merum, Vinum
술 같은 것	Sicera
술 과(過)히 먹는 자(者)	Vinolentus
술 맡은 관원(官員)	Pincerna
술 방울	Villum
술 취(醉)한	Temulentus
술 취(醉)한 듯이	Temulenter

술 취(醉)함	Ebrietas, Ebrius
술객(術客)	Magus
술막(幕)	Diversorium
술밑	Fermentum
술업(術業)	Ars, Artificium
술집	Caupona
숨	Anhelitus, Anima, Spiratio, Spiritus
숨 내어 쉬다	Exhalo
숨 들이쉬다	Aspiro
숨 들이쉼	Aspiratio
숨 잦다	Exspiro *vel* Expiro
숨기다	Abdo, Abscondo, Celo, Deliteo, Delitesco, Dissimulo, Occulto
숨는 것	Abditum
숨다	Deliteo, Delitesco, Lateo, Latesco, Latibulor, Latito
숨막다	Ango, Suffoco
숨막아 죽이다	Suffoco
숨막음	Suffocatio
숨막힘	Angor
숨쉬는 구멍	Spiraculum
숨쉬다	Respiro, Spiro
숨쉼	Respiratio, Sufflatus
숨어 기다	Serpo
숨은	Occultus
숨을 곳	Abditum
숨지다	Exspiro *vel* Expiro
숨차다	Anhelo
숨통(筒)	Spiramen
숫양(羊)	Aries, Vervex
숫염소	Hircus
숭상(崇尙)	Cultura, Cultus

숭상(崇尙)하는 이	Cultor
숭상(崇尙)하다	Colo
숯	Carbo
숯불	Favilla, Pruna
쉬다 [*시금하게 변하다]	Muceo
쉬다 [*안식하다]	Quiesco, Recreo, Requiesco
쉬운	Facilis
쉬움	Facilitas, Proclivitas
쉬임	Relaxatio
쉬지 않는	Irrequietus
쉰 [*시금하게 변한]	Mucidus
쉰 [*오십]	Quinquaginta
쉰 번(番)	Quinquagesies
쉰씩	Quinquageni
쉰째	Quinquagesimus
쉼	Recreatio, Requies
쉽게	Facile, Habiliter, Proclive, Profluenter, Prone, Solute
스러지다	Depereo
스무 번(番)	Vicies, Vigesies
스무 해	Vicennium
스물	Viginti
스물씩	Viceni
스물째	Vicesimus
스스로	Sponte, Sui
스승	Institutor, Magister, Praeceptor, Professor, Rabbi
스승의 자리	Cathedra
슬기	Prudentia
슬기로운	Discretus, Prudens, Sensatus
슬기로움	Discretio
슬기롭게	Discrete, Prudenter

슬기있다	Sapio
슬퍼하는	Fastidiosus
슬퍼하는 모양(模樣)으로	Negative
슬퍼하다	Deploro, Fastidio, Ingemisco, Ingemo
슬퍼할 만한	Plorabilis
슬프게 하다	Contristo
슬프다	Eheu!
슬픈	Dolorosus
슬픈 모양(模樣)으로	Dolenter
슬픈지고	Hei!, Heu!
슬피	Amare
슬피 울다	Defleo, Ploro
습관(習慣)	Consuetudo, Habitudo
습관(習慣)되다	Soleo, Suesco
습관(習慣)되어가다	Consuesco
습기(濕氣)	Humiditas
습증(濕症)	Papula
승(僧)	Bonzae
승복(承服) 아니하다	Diffiteor
승복(承服)하다	Fateor
승전(勝戰) 영광(榮光)	Triumphus
승전가(勝戰歌) 부르다	Triumpho
승전(勝戰)하다	Debello
승전(勝戰)한	Triumphalis
승전(勝戰)한 자(者)	Triumphator, Victor
승전(勝戰)한 표(表)	Laurea, Tropaeum
승천(昇天)함	Ascensio
시(詩)	Carmen, Poema
시(時)	Hora
시골	Provincia, Rus

시골 것	Campestris
시기(猜忌)	Aemulatio, Zelotypia
시기(猜忌)하는 자(者)	Zelotes
시기(猜忌)하다	AEmulor
시내	Rivus
시내의	Rivalis
시다	Aceo
시든	Marcidus
시들게 하다	Tabefacio
시들다	Flacceo, Flaccesco, Marceo, Tabeo, Tabesco
시듦	Tabes
시랑(豺狼)	Lupus
시렁시렁하다	Deliro
시렁시렁함	Deliramentum
시방(時方)	Nunc
시비(是非)	Dissensio, Querela, Querimonia
시비(是非) 있는	Litigiosus
시비(是非)하다	Disputo
시비(是非)함	Disputatio, Rixa
시사(施捨)	Eleemosyna
시사지덕(施捨之德)	Beneficentia
시사(施捨)하는 자(者)	Largitor
시사(施舍)하다	Munifico
시새우는	Rivalis
시새움	Rivalitas
시샘	AEmulatio
시샘하다	Aemulor, Zelo
시세(時勢)	Conspectus
시(媤)아버지	Socer
시어가다	Acesco

시(媤)어머니	Socrus
시어지다	Acesco
시우쇠	Ferrum
시울	Labrum, Margo
시원함	Refrigeratio, Refrigerium
시위	Diluvium, Eluvies, Illuvies, Inundatio
시위(侍衛)하는 무리	Stipatio
시(詩)의	Poeticus
시잉모태(始孕母胎)	Conceptio
시작(始作)	Exordium, Initium, Praelusio, Primordium
시작(始作)하다	Aggredior, Coepi, Inchoo, Incipio, Ineo, Initio, Ordior, Praeludo
시작(始作)한 것	Inceptum
시작(始作)한 것을 다하다	Absolvo. Absolvere instituta.
시작(始作)함	Aggressio, Coeptus, Inchoatio
시절(時節)	Tempestas, Tempus
시(媤)집 보내다	Marito
시(媤)집 아니 간	Innuptus
시체(屍體)	Cadaver
시초(始初)	Initium
시초(始初)의	Primitivus
시키기 좋아하는	Imperiosus
시키다	Delego, Deputo, Jubeo, Praecipio, Suggero
시킴	Delegatio
시표(時表)	Horologium
시행(施行)하다	Irrogo
시험(試驗)	Conamen, Examen, Experientia, Experimentum, Tentatio
시험(試驗)하는	Experiens
시험(試驗)하는 것	Tentamenta
시험(試驗)하다	Experior, Praeludo, Probo, Tento

시험(試驗)함	Probatio
시혜(施惠)하는	Beneficus
시혜(施惠)하다	Benefacio
시환(時患)	Pestilentia
시후(時候)	Articulus, Tempestas, Tempus
식게 하다	Refrigero
식다	Refrigesco
식도(食刀)	Culter
식모(食母)	Coquus
식성(食性)	Gustus
식어가다	Tepeo
식청(食廳)	Coenaculum
식히다	Frigido
신 [*시큼한]	Acer, Acerbus, Acidus
신 [*신발]	Calceamentum
신 것	Acer, Acetum
신(神)	Numen, Spiritus
신(信) 없이	Infideliter
신(信) 저버림	Proditio
신기다	Calceo
신는 신	Calceus
신다	Calceo
신덕(信德)	Fides
신덕도리(信德道理)	Dogma
신랑(新郞)	Sponsus
신령(神靈)함	Spiritualitas
신령(神靈)하게	Spiritualiter
신문교(新門敎)	Catechumenus
신문교우(新門敎友)	Proselytus
신문지(新聞紙)	Diarium, Ephemeris

신밀(愼密)치 않게	Indiscrete
신밀(愼密)한	Discretus
신부(新婦)	Sponsa
신부(神父) 경본(經本)	Breviarium
신부관(神父冠)	Biretum
신실(信實)한	Fidelis
신에 든 돌	Scrupulus
신(神)으로	Spiritualiter
신은(神恩)으로	Divinitus
신음(呻吟)	Languor
신음(呻吟)으로	Languide
신음(呻吟)하는	Languidus
신음(呻吟)하다	Langueo
신(神)의	Spiritalis
신의(信義)를 저버려	Perfide
신의(信義)를 저버린	Perfidus
신의(信義)를 저버림	Perfidia
신장이	Sutor
신주(神主)	Tabella. Tabella Majorum.
신통(神通)한	Divinus
신통(神通)히 여기다	Miror
신품(神品)	Ordo
신품(神品) 받은 자(者)	Clericus
신품(神品)에 올림	Ordinatio
신품(神品)의 공과(功課)	Breviarium
신품(神品)주다	Ordino
싣다	Eveho, Onero, Proveho
실	Filum, Tela
실(實) 없는	Ineptus
실 자아내다	Neo

실과(實果)	Fructus, Frux, Pomum
실과(實果) 여는	Pomifer
실과(實果)나무	Pomus
실(實)다운	Efficax
실(實)답게	Effective
실과(實果)동산	Pomarium
실(實)로	Reapse, Revera
실과(實果)씨	Nucleus
실망(失望)하다	Abeo. Spes abiit., Despero
실망(失望)하여	Desperanter
실망(失望)함	Desperatio
실망(失望)함으로	A. A desperatione.
실색(失色)하다	Palleo
실성(失性)하다	Deliro
실신(失信)히	Infideliter
실어 건너다	Transveho
실어가다	Proveho, Vecto, Veho
실어오다	Importo, Vecto, Veho
실은	Onustus
실정(實情)으로 말하다	Fateor
실컷	Satianter
실(實)하게	Valide
실(實)하다	Valeo
실(實)한	Robustus, Solidus, Validus, Vegetus
싫다고 하다	Abnuo, Recuso
싫어하다	Abhorreo, Nolo
싫어함	Aversio, Displicentia
심	Acerbitas, Aciditas
심는 자(者)	Sator
심다	Planto, Semino, Sero

심란(心亂)하게	Anxie
심란(心亂)한	Anxius
심밀(深密)한	Intimus
심복(心腹) 있게	Confidenter
심부름꾼	Nuntius
심사(心事) 괴악(怪惡)한 놈	Nebulo
심사(心思) 궂은 놈	Malefactor
심사(心思) 그른	Iniquus
심음	Plantatio, Satus, Sementis
심판(審判)	Judicium
심판(審判)하는 자(者)	Judex
심판(審判)하다	Dijudico, Judico
심(甚)한	Intensivus
심(甚)히	Admodum, Intensive
심(甚)히 원망(怨望)하는	Queribundus
십 배(倍) 된	Decuplus
십계(十誡)	Decalogus
십리(十里)	Leuca
십부장(十夫長)	Decurio
십분(十分)	Essentialiter
십이(十二)	Duodecim
십자가(十字架)	Crux
십자가(十字架)에 못박다	Crucifigo
싱거운	Insulsus
싱겁게	Insulse
싸다	Involvo, Obvolvo, Operio, Volvo
싸라기	Mica
싸우다	Certo, Dimico, Milito, Praelior, Propugno, Pugno
싸움	Bellum, Certamen, Concursus, Militia, Praelium, Pugna
싸움하는 자(者)	Pugnator

싸움하다	Belligero
싸잡다	Expugno
싹	Germen
싹나다	Germino, Pullulo
쌍(雙)	Par
쌍(雙)날 선 칼	Pugio, Sica
쌍(雙)되게 하다	Gemino, Ingemino
쌍(雙)된	Gemellus
쌍(雙)둥이	Gemini
쌍인검(雙刃檢)	Framea
쌍창(雙窓)	Valvae
쌓다	Accumulo, Coacervo, Cogo, Congero, Congrego, Cumulo, Struo, Thesaurizo
쌓음	Structio
써내다	Describo
썩다	Puteo, Putresco
썩어가는	Putridus
썩은	Puter, Putidus, Putridus
썩은 내	Putor
썩은 내 나는	Putidus
썩은 내 나다	Puteo
썩음	Corruptio, Putredo
썩지 않게	Incorrupte
썩지 않은	Incorruptus
썩히다	Corrumpo, Putrefacio
썰다	Decido
쏘다	Compungo, Jaculor, Pungo, Stimulo
쏟다	Diffundo, Effundo, Fundo, Infundo, Profundo
쏟아	Effuse
쏟아짐	Eruptio
쏟은	Perfusus

쏟음	Effusio, Infusio
쏨	Stimulatio
쑥	Artemisia
쓰다 [*사용하다]	Adhibeo, Dispendo, Impendo, Occupo, Utor
쓰다 [*써넣다]	Inscribo
쓰다듬다	Mulceo
쓰인	Occupatus
쓰임	Usus
쓴	Amarus
쓸 만한	Idoneus
쓸개	Fel
쓸다 [*문지르다]	Limo
쓸다 [*비질하다]	Detergeo, Everro, Mundo, Purgo, Verro
씖	Mundatio, Purgatio
씀	Amaritudo
씨	Granum, Nucleus, Progenies, Semen
씨름	Lucta, Palaestra
씨름하다	Colluctor, Luctor
씨름함	Colluctatio
씹다	Mando
씻김	Lotio, Mundatio, Purgatio
씻다	Abluo, Abstergo, Baptizo, Detergeo, Diluo, Eluo, Expio, Lavo, Mundo, Piaculo, Pio, Proluo, Purgo, Tergo
씻어 버리다	Abstergo
씻을 죄(罪)	Piaculum

아

아(衙) 전(前)	Praetorius
아가리뼈	Maxilla
아궁이	Caminus, Clibanus, Focus
아기	Infans
아까	Nuper
아까의	Nuperus
아껴	Parce
아끼다	Parco
아내	Conjux, Uxor
아니	Haud, Haudquaquam, Ne, Non
아니 된	Irritus
아니 말리다	Sino
아니 믿다	Diffido
아니 쓰다	Abstineo
아니 씀	Abstinentia
아니꼬운	Nausea, Rancidus
아니꼽게	Rancide
아니꼽다	Nauseo
아니냐	Nonne

아니라 하다	Nego
아니하게	Quominus
아니한 체하다	Dissimulo
아닐 뿐 아니라	Nedum
아담	Protoplastus
아당(阿黨)하다	Adulor, Blandior
아당(阿黨)함	Adulatio
아들	Filius, Natus
아래	Citerius, Infra, Pessum, Sub
아래 눕다	Subjaceo
아래 두다	Subjicio
아래 인(印)침	Subsignatio
아래 있는	Inferior
아래 있다	Substo, Subsum
아래로	De, Deorsum
아래의	Subditus
아름	Ulna
아름다운	Aureus, Bellus, Decor, Decorum, Decorus, Pulcher, Speciosus
아름답게	Culte, Decore, Eminenter, Scite
아름답게 하다	Decoro, Honesto
아마	Forsan, Probabiliter
아무	Quidam
아무 것이든지	Quidquid
아무 곳에나	Ubivis
아무 데나	Qualibet, Quaqua, Quocumque, Quovis
아무 데든지	Quacumque, Ubicumque
아무 데에	Usquam
아무 데에나	Quoquo
아무 때까지	Quadamtenus
아무 때에	Unquam *vel* Umquam

아무 모양(模樣)대로	Quoquomodo
아무 모양(模樣)도 아니	Nullomodo
아무 모양(模樣)으로나	Qualitercumque
아무 모양(模樣)이나	Quomodocumque
아무 편(便)에나	Quoquo
아무것도	Quidquam
아무것도 아니	Nequidquam, Nihil et Nil, Nil
아무나	Quicumque, Quilibet
아무데도 아니	Nullibi, Nusquam
아무도 아니	Nullus
아무도 아닌	Nemo
아무든지	Quisquis
아무렇게나	Defunctorie
아무렇게도 아니	Nullatenus
아무리	Quantumvis
아문(衙門)	Praetorium
아문(衙門)의	Praetorius
아비	Genitor, Papa, Pater
아비 죽인 놈	Parricida
아비 죽임	Parricidium
아비 지위(地位)	Paternitas
아비의	Paternus, Patrius
아쉽다	Indigeo
아야	Proh!
아얌	Pileus
아울러	Conjuncte *vel* Conjunctim
아이	Infans, Natu. Natu minor., Puer
아이 때	Infantia
아이 모양(模樣)으로	Pueriliter
아이 몸의	Virginalis, Virgineus

아이 밴	Praegnans
아이 뱀	Graviditas
아이 적	Pueritia
아이스러운	Puerilis
아주	Omnino, Penitus
아주 아니	Nunquam
아직	Adhuc
아직 못	Necdum
아직 아니	Necdum, Nondum
아직도	Immo *vel* Imo
아첨(阿諂)하다	Blandior, Pellicio
아첨(阿諂)함	Adulatio, Blandimentum, Blanditia
아침	Mane, Matutinum
아침 먹다	Jento
아침밥	Jentaculum
아침에	Mane
아침의	Matutinus
아파하다	Deploro, Doleo
아파하지 못할	Impassibilis
아편(阿片)	Opium
아편(阿片) 풀	Papaver
아프다	Doleo
아픈	Dolorosus
아픔	Dolor
아홉	Novem
아홉 번(番)	Novies
아홉째	Nonus
아흔	Nonaginta
아흔 먹은	Nonagenarius
아흔 번(番)	Nonagies

아흔째	Nonagesimus
악(惡)	Flagitium, Improbitas, Iniquitas, Malitia, Malum, Nequitia, Pravitas
악(惡)하게	Male, Nequiter, Perverse, Prave
악(惡)한	Iniquus, Maleficus, Malus, Nefastus, Nequam, Perversus, Pravus
악(惡)한 의논(議論) 주는	Malesuadus
악(惡)함	Perversio
악(惡)히	Inique, Perdite
악념(惡念)	Malevolentia
악담(惡談)	Imprecatio, Maledicentia, Maledictum
악담(惡談)하는	Maledicus
악담(惡談)하다	Exsecror, Imprecor, Maledico
악담(惡談)함	Maledictio
악연초(草)	Papaver
악정(惡情)	Malevolentia
악취(惡臭)	Putor
악행(惡行)	Maleficium
안개	Caligo, Nebula
안개 낀	Nebulosus
안경(眼鏡)	Conspicillum
안다	Amplector, Amplexor, Complector
안돈(安頓)시킴	Pacatio, Placatio, Sedatio
안돈(安頓)하다	Lenio, Resido
안돈(安頓)함	Lenimentum
안마당	Atrium
안배(按配)	OEconomia
안배(按排)하다	Colloco, Compono, Digero, Dispono, Ordino
안배(按配)하다	Apto, Instruo, Loco, Modificor
안배(按排)함	Dispositio, Ordinatio
안배(按配)함	Instructio, Moderatio, Modificatio

안복사(服事)	Ancilla
안부(安否)	Ave *seu* Salve
안식일(安息日)	Sabbatum
안식일(安息日) 지키다	Sabbatizo
안에	In, Intra, Intro, Intus
안에 있는	Internus
안에 있다	Insum
안온(安穩)	Placide
안온(安穩)한	Placidus, Serenus
안온(安穩)함	Placiditas, Serenitas
안위(安慰)하다	Consolor
안으로	Interne, Intrinsecus, Intro, Introrsum vel Introrsus
안음	Amplexus, Complexio
안정(安定)시키다	Quieto, Sedo
안정(安定)한	Quietus, Tranquillus
안정(安定)함	Quies, Tranquillitas
안정(安定)히	Quiete, Tranquille
안종	Pedisequa
안추르다	Lenio, Paco, Placo, Sedo
안추름	Sedatio
앉다	Resideo, Sedeo
앉은	Situs
앉음	Sessio
알	Ovum
알게 하다	Arguo, Notifico, Significo
알고	Scienter
알기를 좋아하는	Curiosus
알기를 좋아함	Curiositas
알다	Agnosco, Calleo, Cognosco, Nosco, Perspicio, Puto, Rescio, Scio
알리다	Notifico

알만한	Noscibilis
알맞게	Congruenter
알맹이	Granum
알아내다	Comperio, Dignosco, Divino, Prophetizo, Propheto
알아냄	Comprehensio
알아듣는	Intelligens
알아듣다	Accipio, Capio, Comprehendo, Intelligo, Rescio
알아듣지 못할	Incomprehensibilis
알아들을 수 없게	Incomprehensibiliter
알아들음	Intelligentia
알아보다	Sciscitor
알지 못하다	Ignoro
앎	Agnitio, Cognitio, Conscientia, Notio, Notitia
앓는	AEgrotus
앓다	AEgroto
앓음	Morbus
암 잔나비	Simia
암나귀	Asina
암도야지	Porca
암사자(獅子)	Lea
암소	Vacca
암송아지	Vitula
암컷	Femina
암컷의	Femineus
암탉	Gallina
압복(壓服)하다	Affligo, Aggravo, Debello, Prosterno
압복(壓服)하여지다	Aggravesco
압복(壓服)함	Cohibitio
앗다	Fraudo
앙망(仰望)하다	Aspiro, Suspiro

앞	Praesentia
앞 예비(豫備)함	Praevisio
앞날	Nudius
앞다투어	Certatim
앞서 다투다	AEmulor
앞서 다툼	AEmulatio
앞서가다	Praecurro, Progredior
앞에	Ante, Coram, Coram, Prae, Praesto
앞에 가다	Antecedo, Praecedo, Praeeo, Praegredior
앞에 가지다	Praefero
앞에 구르다	Provolvo
앞에 놓다	Objicio, Propono
앞에 달려가다	Praecurro
앞에 당기다	Praetendo
앞에 던지다	Objecto
앞에 두다	Oppono, Praepono
앞에 뻗치다	Protendo
앞에 서다	Praesto
앞에 오다	Obvenio, Occurro
앞에 있는	Praesens
앞에 있다	Adsum
앞에 있음	Instantia, Praesentia
앞에서	Palam
앞으로 구부림	Proclinatio
앞으로 끌리는	Propensus
앞으로 밀치다	Propulso
앞으로 보냄	Projectio
앞으로 쫓다	Propello
앞잡이	Praecursor
애고	Eheu!, Hei!, Proh!

애긍(哀矜)	Eleemosyna
애긍전(哀矜錢) 받는 궤(櫃)	Corbona
애달아 하다	Detestor
애닲아 함	Odium
애덕(愛德)	Caritas, Charitas
애둘러	Indirecte
애쓰다	Conor
애욕(愛慾)	Voluntas
애정(愛情)	Amor, Charitas, Dilectio
애통(哀痛)하다	Defleo
애통(哀痛)한	Lugubris
앵무새	Psittacus
야단(惹端)치다	Bacchor
야산(野山)	Collis
야장(冶匠)이	Fictor
약(藥)	Medela, Medicamen, Medicina, Remedium
약(藥) 쓰다	Remedior
약대	Camelus
약(藥)되는	Medicinalis
약(藥)으로	Precario
약재(藥材)	Medicinalis
약(弱)하게	Exiliter, Infirme, Tenuiter
약(弱)하게 하다	Debilito, Emollio, Infirmo
약(藥)하다	Medeor, Medico, Medicor
약(弱)한	Exilis, Infirmus, Invalidus, Tenuis
약(弱)한 기질(氣質)	Invaletudo
약(弱)함	Exilitas, Fragilitas, Infirmitas, Tenuitas
얇음	Tenuitas
얇게	Graciliter, Tenuiter
얇기	Gracilitas

얇은	Exilis, Gracilis, Tenuis
얌전한	Lepidus
양(量)	Capacitas, Captus, Uncia
양(樣)	Modus
양(羊)	Agnus, Ovis
양념	Condimentum
양념하다	Condio
양모(羊毛)의	Laneus
양민(良民)	Ingenuus
양선(良善)	Humanitas
양선(良善)으로	Blande
양선(良善)하게	Affabiliter
양선(良善)하여지다	Mansuefio, Mansuesco
양선(良善)한	Affabilis, Blandus, Lenis, Mansuetus, Mitis
양선(良善)함	Affabilitas, Lenitas, Mansuetudo
양선(良善)히	Humaniter, Mite
양순(良順)치 아니한	Morosus
양순(良順)치 않게	Morose
양순(良順)한	Comis
양순(良順)함	Comitas
양식(糧食)	Alimentum, Annona, Cibaria, Cibus, Nutritus, Pabulum, Sustentaculum, Victualia
양심(良心)	Animus, Conscientia
양육(養育)하다	Alo
양육(養育)함	Educatio, Nutritus
양(羊)의 우리	Ovile
양(羊)의 털	Lana, Villus
양(羊)의 털의	Laneus
양(羊)이 울다	Balo
양자(養子)	Adoptivus
양자(養子)하다	Adopto

양편(兩便)에 날 있는 칼	Framea
양편(兩便)에 다 아니게	Neutro
양피(羊皮)	Melota, Vellus
얕은 데	Vadum
어거(馭車)하다	Mino
어귀	Sinus
어긋나다	Luxo
어긋남	Luxatio
어기는 자(者)	Praevaricator
어기다	Abeo, Praevaricor
어기어지다	Discrepo
어김	Praevaricatio
어깨	Humerus, Scapulae
어깨 수건(手巾)	Amictus
어눌하다	Balbutio
어눌한	Balbus
어느	Qualis
어느 때까지	Quandiu, Quousque, Usquequo
어느 때에	Quando
어두운	Caliginosus, Caecus, Obscurus, Tenebrosus
어두움	Caligo, Obscuritas
어두워지다	Tenebresco
어둠	Caecitas, Tenebrae
어둡게	Obscure
어둡게 하다	Caeco, Fusco, Obscuro, Tenebro
어디	Ubi, Ubinam
어디까지	Quantopere, Quousque, Usquequo
어디까지일런지	Usquequaque
어디로	Quo, Quonam, Quorsum
어디로서	Qua

어디서	Unde
어떠하든지	Utcumque
어떠한	Qualis, Quisquam
어떠한 일이든지	Taliscumque
어떤	Aliquis, Qualis, Quidam, Quispiam
어떤 것일런지	Qualiscumque, Quamlibet
어떤 곳에	Nonnusquam, Uspiam
어떤 나무	Sycomorus
어떤 데	Alicubi, Aliquo
어떤 돈	Mna
어떤 때	Aliquando, Quopiam
어떤 때에	Interdum, Quandoque
어떤 때에 말기 위(爲)하여	Nequando
어떤 모양(模樣)으로	Quomodo
어떤 새	Pelicanus
어떤 새 이름	Perdix
어떤 외교(外敎) 여(女) 선지(先知)	Sibylla
어떤 이	Nonnullus
어떤 편(便) 일런지	Quacumque
어떻게	Qua, Qualiter, Quam, Qui, Quomodo
어려서부터	A. A parvulo.
어려운	Acerbus, Aeger, Difficilis
어려운 지경(地境)의	Angustus
어려움	Afflictio, Difficultas
어려워 아니하다	Dignor
어려워지다	Aggravesco
어려워하다	Verecundor
어렵게	AEgre, Anguste, Difficile, Difficulter, Districte
어렵게 마치다	Defungor
어렵게 하다	Aggravo

어루만지다	Mulceo, Permulceo
어루만짐	Mulcedo
어르다	Blandior
어른	Antistes, Superior
어른들	Majores
어름	Blanditia
어리게	Pueriliter
어리석게	Stolide
어리석게 하다	Infatuo
어리석은	Desipiens, Stolidus, Temerarius
어리석음	Desipientia, Temeritas
어리우다	Fascino, Obcaeco
어리움	Fascinatio
어린	Adolescens, Fragilis, Junior, Puerilis
어린 귀	Auricula
어린 때	Pueritia
어린 모양(模樣)	Puerilitas
어린 아이 울다	Vagio
어린 처지(處地)	Puerilitas
어린 털	Lanugo
어림	Adolescentia
어림잡다	Delineo, Lineo
어림하건대	Quodammodo
어머니	Mater
어물(魚物)의	Piscatorius
어미	Genitrix, Mater
어미 죽인 자(者)	Matricida
어미 죽임	Matricidium
어미의	Maternus
어부(漁夫)	Piscator

어사(御史)	Censor
어서	Cito, Festine, Propere
어여	Eia!, Macte
어여쁜	Elegans, Formosus, Lepidus
어여쁨	Elegantia, Lepor vel Lepos, Venustas
어여삐	Formose, Lepide
어와	Eia!
어음(語音)	Pronuntiatio, Vox
어음(語音)하다	Pronuntio
어저께	Heri
어제	Heri
어제의	Hesternus
어좌(御座)	Solium, Thronus
어줍다	Rigeo
어줍어가다	Rigesco
어줍은	Rigidus
어중간(於中間)한	Intermedius, Mediocris
어중간(於中間)함	Mediocritas
어중간(於中間)히	Mediocriter
어지간히	Sat, Satis
어지러운	Indigestus, Inordinatus, Tumultuosus, Turbidus, Turbulentus
어지러움	Implexus, Perturbatio, Tubatio, Tumultus, Vertigo
어지러이	Confuse
어지럽게	Perturbate
어지럽게 하다	Confundo, Innodo
어지럽게 함	Confusio
어지럽다	Tumultuor
어지럽히다	Perturbo
어진	Benignus, Bonus
어질게	Benigne

어짊	Benignitas, Bonitas
어찌하여	Cur, Quare, Qui, Quorsum
억울(抑鬱)하다	Ango
억제(抑制)하다	Mortifico, Refreno, Reprimo, Retundo, Subjicio
억제(抑制)함	Cohibitio
억지로	Invite, Violenter
억탈(抑奪)함	Concussio, Repetundae
언	Gelidus
언덕	Agger, Arena, Clivus, Collis, Eminentia
언약(言約)	Conditio, Contractus, Conventio, Conventus, Foedus, Foedus, Institutum, Pactum
언약(言約) 맺다	Foedero
언약(言約) 정(定)하다	Despondeo
언약(言約)대로	Composito
언약(言約)하다	Paciscor, Pango, Stipulor
언약(言約)함	Pactio, Stipulatio
언어(言語)	Verbum
언제까지일런지	Usquequaque
언제든지	Quandocumque, Quandolibet
언짢게	Male
얹다	Impono
얻다	Acquiro, Adipiscor, Consequor, Contraho, Impetro, Nanciscor, Obtineo
얻은 자(者)	Repertor
얻음	Acquisitio, Impetratio, Inventio
얼굴	Facies, Os, Vultus
얼다	Congelo, Gelasco, Glacio, Gelo
얼라	Eia!
얼른	Propere, Statim
얼마	Nae, Quam, Quantopere, Qunato, Quot
얼마나	Quanti

얼마나 되든지	Quantumcumque
얼마나 됨	Quantitas
얼마나 속(速)히	Quantocius
얼마나 오래	Quamdudum, Quantisper
얼마나 작던지	Quantuluscumque
얼마나 작은	Quantillus, Quantulus
얼마나 작음	Quantulum
얼마나 크든지	Quantuscumque, Quantusvis
얼마나 큰	Quantus
얼마나 한	Quantus
얼마나 함	Quantum
얼마든지	Quantumvis
얼음	Gelu, Glacies
얼음되다	Glacio
얼음의	Glacialis
얼핏	Protinus
얽다	Innodo
얽히게	Perplexe
얽힌	Perplexus
얽힘	Implexus, Perplexitas
엄	Rigor
엄숙(嚴肅)한	Serius
엄숙(嚴肅)히	Serio
엄엄(奄奄)한	Decrepitus
엄위(嚴威)한	Augustus
엄지가락	Pollex
엄포	Minae
엄포하다	Minor
엄(嚴)하게	Acerbe, Districte
엄(嚴)한	Asper, Austerus, Rigidus, Rudis, Severus, Strictus

엄(嚴)함	Amaritudo, Arduitas, Austeritas, Duritia, Rigiditas, Rigor, Severitas
엄(嚴)히	Aspere, Austere, Dure, Rigide, Severe
업(業)	Artificium
업수이여겨	Contemptim
업수이여기는 자(者)	Contemptor
업수이여기다	Contemno, Dedignor, Nihilifacio, Sperno, Temno
업수이여길 만한	Contemptibilis
업수이여김	Contemptus, Despectio
업신여기다	Aspernor
없게 하다	Exinanio, Oblittero, Orbo, Vacuefacio
없게 할 만한	Delebilis
없는	Expers
없는 것	Nihilum
없다	Absum, Careo, Desum
없어지게 하다	Abstergo
없어지다	Abeo, Vanesco
없음	Absentia, Carentia, Penuria, Vacuitas
없이	Absque, Cis, Citra, Sine
없이하다	Consumo, Deleo, Eluo, Privo, Supprimo
없이함	Consumptio, Perditio, Suppressio
엇갈려	Implicite
엇걸리게	Implicite
엇칼	Novacula
엉겨가다	Concresco
엉기게 하다	Condenso
엉기다	Coagulo, Coalesco, Congelo, Gelasco
엉치뼈	Inguen
엎드러지다	Procido, Procumbo
엎드려	Cernuus
엎드리다	Procido, Provolvo

엎드린	Cernuus
엎드림	Prostratio
엎어짐	Prostratio
엎지르다	Effundo, Profundo
엎치다	Depleo, Diffundo, Prosterno
엎친	Profusus
엎침	Profusio
에	In
에게	Ad, Apud
에두르다	Inflecto
에둘러	Oblique
에둘러 이끌다	Circumduco
에둘러하는	Sinuosus
에서	A. ab, abs, (prae. abl.), E, Ex
에우다	Ambio, Circumdo, Circumplector, Corono, Obsideo, Sepio
에움	Ambitus, Obsessio, Obsidio
에워싸다	Circumdo
에이	Vah!
여(女)동무	Socia
여기	Hic, Huc, Ibi, Praesto
여기 있다	Adsum
여기까지	Hucusque
여기다	Accipio. Accipere ad contumeliam., Habeor
여기서	Hinc
여기저기	Passim
여긴	Putativus
여덟	Octo
여덟 번(番)	Octies
여덟 번(番)째	Octavum
여덟은	Octavum

여덟째	Octavus
여든	Octoginta
여든 된	Octogenarius
여든 번(番)	Octogies
여든씩의	Octogeni
여든째	Octogesimus
여러 가지의	Multiplex
여러 겹 된	Multiplex
여러 말로	Multifariam *et* Multifarie
여러 모양(模樣)으로	Multifariam *et* Multifarie, Multimode, Multipliciter
여러 번(番)	Identidem, Multoties, Pluries
여러 번(番) 허락(許諾)하다	Pollicitor
여러 빛 가진	Multicolor
여러 아내	Polygamia
여럿	Pluralitas, Plures
여럿 되게 하다	Gemino
여럿의	Pluralis
여류(女類)	Sexus
여름	AEstas
여름의	AEstivus
여명(黎明)	Aurora
여물	Fenum *vel* Foenum
여물 새기다	Rumino
여보	En
여보아라	En
여복사(女服事)	Famula, Ministra
여섯	Sex
여섯 달의	Semestris
여섯 번(番)	Sexies
여섯 해	Sexennium

여섯 해의	Sexennis
여섯씩	Seni
여섯은	Sextum
여섯째	Sextus
여섯째 번(番)의	Sextum
여식(女息)	Filia
여신(女神)	Dea
여우	Vulpes
여우 새끼	Vulpecula
여윈	Exilis
여울	Torrens, Vadum
여윈	Macilentus
여인(女人)	Femina, Mulier
여인(女人) 모양(模樣)으로	Muliebriter
여인(女人)스럽게 하다	Effemino
여인(女人)의	Muliebris
여인(女人)의 목걸이	Monile
여종	Ancilla
여주보(女主保)	Patrona
여홉 해	Novennis
역경(逆境)	Adversum
역대(歷代)	Generatio
역적(逆賊)의	Rebellis
역적(逆賊)질	Rebellio, Secessio
역적(逆賊)질 함	Perduellio
역적(逆賊)질하다	Rebello
역청(瀝青)	Bitumen
엮다	Connecto
연	Apertus
연객(宴客)	Conviva

연경(連境)	Contiguus
연경표(連境標) 두다	Definio
연경(連境)하여	Contigue
연경(連境)한	Finitimus
연고(緣故)	Causa, Ratio
연고(緣故)는	Enim, Nam, Siquidem, Quia, Quippe
연고(緣故)로	Consequenter, Ergo, Idcirco, Ideo, Itaque, Proinde, Unde
연기(年期)	AEtas
연기(煙氣)	Fumus
연기(煙氣) 낀	Fumidus
연기(煙氣) 나는	Fumidus
연기(煙氣) 나다	Fumo
연기(煙氣) 내다	Fumigo
연목(椽木)	Trabes
연세(年歲)	AEtas
연속(連續)함	Assiduitas
연속(連續)으로	Continuo
연속(連續)하여	Successive
연속(連續)한	Continens., Successivus
연습(練習)	Exercitium
연습(練習)하는 곳	Stadium
연습(練習)함	Exercitatio
연약(軟弱)하여지다	Teneresco
연약(軟弱)한	Debilis, Fragilis, Imbecillis, Imbecillus, Imbellis, Tener, Vietus
연약(軟弱)함	Debilitas, Fragilitas, Imbecillitas, Teneritudo
연약(軟弱)히	Debiliter, Imbecilliter
연옥(煉獄)	Carcer, Purgatorium
연유(緣由)	Consequentia
연장	Arma, Instrumentum

연장의	Utensilis
연장하다	Sepelio
연(連)하는 자(者)	Successor
연(連)하다	Continuo
연(連)하여	Contigue
연(連)하여 가다	Succedo
연(連)하여 하다	Perpetuo
연(連)한	Immediatus
연(軟)한	Contiguus, Delicatus
연(連)한 것	Sequentia
연(軟)한 사랑	Teneritudo
연(連)함	Successio
열 배(倍) 되는	Decuplus
열 번(番)	Decies
열 해(十年)	Decennium
열(十)	Decem
열교(裂敎)	Haeresis, Schisma
열교인(裂敎人)	Haereticus
열교(裂敎)하는	Schismaticus
열(熱)남	Effervescentia
열내다	Exardesco
열네 번(番)	Quatuordecies
열넷	Quatuordecim
열넷째	Quartusdecimus
열녀(烈女)	Virago
열다	Aperio, Detego, Patefacio, Recludo, Resero
열다섯	Quindecim
열다섯 번(番)	Quindecies
열다섯의	Quindecennalis
열다섯째	Quindecimus

열둘	Duodecim
열렬(熱烈)히	Ardenter
열리다	Pateo
열린	Patulus
열매	Fructus, Granum
열매 맺지 아니함	Sterilitas
열매 아니 여는	Sterilis
열세 번(番)	Tredecies
열셋	Tredecim
열쇠	Clavis
열심(熱心)	Fervor
열심(熱心) 있는	Fervens
열심(熱心) 있는 자(者)	Zelator
열심(熱心)으로	Fervens
열아홉	Novemdecim, Undeviginti
열아홉째	Nonusdecimus
열애(熱愛)	Zelus
열애(熱愛)하다	Zelo
열애(熱愛)한	Devotus
열애(熱愛)함으로	Devote
열없다	Verecundor
열여덟	Octodecim
열여섯	Sedecim *vel* Sexdecim, Sexdecim
열여섯 번(番)	Sedecies
열여섯째	Tertiusdecimus
열일곱	Septemdecim
열정(熱情)	Ardor, Zelus
열째	Decimus
열째는	Decimum
열하나	Undecim

열한 번(番)	Undecies
열한째	Undecimus
엶	Reclusio, Reseratio
염경(念經)하다	Precor
염려(念慮)한	Anxius
염병(染病)	Lues
염병(染病)의	Pestilens
염색(染色)	Fucus, Tinctura
염색(染色)하다	Inficio
염소	Capra
염소 새끼	Haedus
염주(念珠)	Corona. Corona precatoria.
염증(厭症)	Aversio, Fastidium
염증(厭症)나다	Fastidio
염질(染疾)	Contagio, Pestilentia, Pestis
염질(染疾)내는	Pestifer
염초(焰硝)	Nitrum
염치(廉恥)	Pudicitia, Pudor, Verecundia
염치(廉恥) 없는	Impudens, Inverecundus, Procax
염치(廉恥) 없음	Impudentia, Inverecundia, Procacia
염치(廉恥) 없이	Impudenter, Procaciter
염치(廉恥) 있게	Pudenter, Verecunde
염치(廉恥) 있는	Pudicus, Verecundus
염통	Cor
염포(殮布)	Sindon
엿	Saccharum
엿보는 자(者)	Explorator
엿보다	Exploro, Observo, Speculor
영(營)	Emporium
영광(榮光)	Claritas, Decus, Gloria

영광(榮光)인 체하다	Glorior
영구(永久)함	AEternitas
영구(永久)히	AEterne
영대(領帶)	Stola
영루(營壘)	Arx
영리(怜悧)하게	Sagaciter, Solerter
영리(怜悧)한	Agilis, Sagax, Solers
영리(怜悧)함	Sagacitas, Solertia
영사관(領事官)	Consul
영성체(領聖體)하다	Communico
영성체(領聖體)함	Communio
영영(永永)히	Perpetuo
영웅(英雄)	Heros
영원(永遠)한	AEternus, Perpes, Perpetuus, Sempiternus
영원(永遠)함	Aeternitas, Perpetuitas
영원(永遠)히	Aeterne, Perenniter, Perpetim
영원무궁(永遠無窮)한	AEternus
영장(營將)	Praetor
영장(永葬)	Funus
영장(永葬)하다	Funero
영장(永葬)함	Humatio
영적(靈蹟)	Miraculum
영접(迎接)하다	Excipio, Suscipio
영해(嬰孩)	Infans, Infantulus
영해(嬰孩) 우는 소리	Vagitus
영해(嬰孩) 죽임	Infanticidium
영해원(嬰孩院)	Orphanotrophium
영험(靈驗)	Prodigium, Signum
영혼(靈魂)	Anima, Animus, Mens
영화(榮華) 없는	Inglorius

영화(榮華)로운	Gloriosus
영화(榮華)로이	Gloriose
영화(榮華)롭게 여기다	Glorior
옆구리	Latus
옆에 있는	Lateralis
예	Etiam
예 보아라	Ecce
예규(例規)	Rubrica
예규(例規)의	Solitus
예까지	Hucusque
예(禮)답게	Civiliter
예(禮)답지 아니한	Indecens
예(禮)답지 아님	Indecentia
예(禮)답지 않게	Indecenter
예(禮)답지 않다	Indeceo
예(禮)답게	Honeste, Humaniter
예모(禮貌)	Civilitas
예모(禮貌)롭게	Civiliter, Liberaliter
예모(禮貌)	Honestas, Humanitas, Urbanitas
예모(禮貌) 없이	Barbare
예모(禮貌) 있는	Honestus, Urbanus
예모(禮貌)답게	Urbane
예물(禮物)	Datum, Donum, Munus, Oblatum
예물(禮物)하는 자(者)	Munerator
예물(禮物)하다	Munero
예비(豫備)	Parasceve, Vigilia
예비(豫備) 못한	Imparatus
예비(豫備) 아니한	Imparatus
예비(豫備) 없는	Improvidus
예비(豫備)하는	Praeparatorius

예비(豫備)하다	Praeparo
예비(豫備)하여	Parate, Praeparato
예비(豫備)한	Apparatus
예비(豫備)함	Praeparatio
예사(例事)로	Vulgo
예사(例事)로운	Communis, Ordinarius, Vulgaris
예사(例事)로이	Ordinarie
예순	Sexaginta
예순 번(番)	Sexagies
예순씩	Sexageni
예순의	Sexagenarius
예순째	Sexagesimus
예언(豫言)하다	Vaticinor
예언(豫言)함	Vaticinatio
예업(藝業)	Ars
예절(禮節)	Caeremonia, Ritus
예절(禮節)의	Ritualis
예절법(禮節法)의	Liturgicus
예절책(禮節冊)	Rituale
옛	Priscus, Pristinus, Vetus
옛것 되어가다	Exolesco
옛법(法)으로	Antique
옛적	Antiquitas
옛적 것	Antiquus
옛적에	Antique, Dudum, Olim
옛적의	Primaevus
옜다	Ecce, En
오	Ne, Numquid
오(傲) 부리다	Superbio
오갈피나무	Sambucus

오관(五官)	Sensus
오그라짐	Contractio
오냐	Etiam
오(五)는	Quinto
오늘	Hodie
오늘의	Hodiernus
오다	Accedo, Consequor, Descendo, Evenio, Ingredior, Praecedo, Provenio, Venio
오라비	Frater
오랑캐	Barbarus
오래	Diu, Diuturnus, Dudum, Longe, Perdudum
오래 사는	Vivax
오래 산	Longaevus
오래 삶	Longaevitas
오래 함	Prorogatio
오래됨	Vetustas
오래지 아니하여	Amodo
오래지 아니한	Recens
오래지 않아	Brevi, Mox
오랜	Vetulus, Vetustus
오랜 것	Antiquus
오른손	Dextra
오른편(便)으로	Dextrorsum
오름	Ascensio
오리와 동산	Olivetum
오리와 실과(實果)	Oliva
오리와나무	Olea
오리와의	Oleagineus
오목한	Cavus
오묘(奧妙)한	Mysticus
오묘(奧妙)한 것	Mysterium

오묘(奧妙)한 도리(道理)	Mysterium
오묘(奧妙)히	Mystice
오백(五百)	Quingenti
오백(五百) 번(番)	Quingenties
오백(五百)씩	Quingeni
오백(五百)째	Quingentesimus
오백은전(五百銀錢)	Talentum
오십(五十)	Quinquaginta
오십(五十)된	Quinquagenarius
오자(誤字)	Erratum, Menda
오자(誤字) 없이	Emendate
오장육부(五臟六腑)	Intestinum, Viscera
오줌 누다	Mingo
오직	Dummodo, Nonnisi, Verum
오품부제(五品副祭)	Subdiaconus
오품부제위(五品副祭位)	Subdiaconatus
오품천신(五品天神)	Principatus, Virtutes
오(傲)하게	Superbe
오히려	Adhuc, Contrarie, Immo vel Imo
오히려 또한	Quinetiam
오히려 있는	Superstes
옥(玉)	Margarita
옥(獄)	Carcer
옥색(玉色)	Caeruleus
옥수수	Zea
옥(獄)에 가두다	Incarcero
옥잠화(玉簪花)	Lilium
옥졸(獄卒)	Lictor
온	Totus
온전(穩全)한	Incolumis, Incorruptus, Intactus, Integer, Perfectus, Totus, Universus

온전(穩全)함	Integritas
온전(穩全)히	Absolute, Funditus, Integre, Omnino, Oppido, Perfecte, Prorsum
온전(穩全)히 변화(變化)함	Transubstantiatio
온전(穩全)히 쓰다	Abutor
온전(穩全)히 젖은	Udus
온화(溫和)하게	Affabiliter
온화(溫和)한	Affabilis
온화(溫和)함	Affabilitas
올가미	Laqueus, Tendicula
올라가다	Ascendo, Scando, Transcendo
올라감	Ascensio
올빼미	Noctua
옭다	Illaqueo, Laqueo
옭아 넣다	Illaqueo
옮겨 놓다	Transpono
옮겨 보냄	Transmissio
옮겨 심다	Transplanto
옮겨 쏟다	Transfundo
옮기다	Removeo, Transfero
옮김	Translatio, Transmigratio
옮아가는	Contagiosus
옮아가는 병(病)	Contagio
옮아가다	Transmigro
옳게	Juste
옳게 씀	Orthographia
옳게 아니 여기다	Improbo
옳게 하다	Justifico
옳다	Euge!, Ita, Utique
옳은	Dexter
옳은 것	Fas

옳은 말	Axioma
옳지 않게	Illicite
옴	Scabies
옴 있는	Scabiosus
옷	Amictus, Indumentum, Vestimentum, Vestis
옷 깁는 자(者)	Sartor
옷 입다	Vestio
옷기슭	Lacinia
옷깃 갈고리	Fibula
옷끈	Fascia
옷단	Fimbria, Limbus
옷도련	Fimbria
옷자락	Fimbria, Lacinia
옹기(甕器) 장인(匠人)	Figulus
옹색(壅塞)하게	Anguste, Arcte
옹색(壅塞)한	Angustus, Arctus
와	Atque, Cum, Et, Necnon, Que
와탑(臥榻)	Cubile, Lectus, Thalamus, Torus
완전(完全)치 못함	Imperfectio
완전(完全)치 아니한	Imperfectus
완전(完全)케	Perfecte
완전(完全)한	Completus, Perfectus
완전(完全)함	Perfectio
완전(完全)히 자립(自立)함	Subsistentia
왈(曰)	Aio
왕(王)	Rex
왕골	Scirpus
왕골의	Scirpeus
왕복(王服)	Purpura
왕비(王妃)	Regina

왕성(旺盛)하다	Prospero
왕성(旺盛)한	Prosper
왕성(旺盛)함	Prosperitas
왕성(旺盛)히	Prospere
왕세(王稅)	Vectigal
왕퉁벌	Vespa
왕후(王侯)	Regina
왜	Quare
왜 아니	Quidni, Quin
외	Unicus
외가(外家)	Affinis, Cognatio
외교(外敎) 풍속(風俗)	Gentilitas, Paganismus
외교인(外敎人)	Ethnicus, Infideles
외교인(外敎人)의	Gentiles
외딴	Singillatim
외로운	Solus
외면(外面)	Exterior, Superficies
외모(外貌)	Apparentia
외방(外邦)의	Extraneus
외사촌(外四寸)	Consobrinus
외사촌(外四寸) 누이	Consobrina
외삼촌(外三寸)	Avunculus
외상(外上)	Creditum
외술(外術)	Dolus
외아들	Unigena
외양 [*外樣]	Apparentia, Aspectus
외양 [*외양간]	Stabulum
외에	Praeter, Praeterquam
외우다	Edisco, Recito
외움	Recitatio

외인(外人)	Ethnicus, Infideles, Paganus
외자	Creditum
외진	Solus
외척(外戚)	Cognatus
왼	Laevus, Sinister
왼손	Laeva, Sinistra
왼편(便)	Scaevitas
왼편(便)으로	Laevorsum *vel* Laevorsus, Sinistrorsum
왼편(便)의	Laevus, Scaevus, Sinister
요	Grabatus, Stratum
요(料)	Salarium, Stipendium
요긴(要緊)하다	Opus est
요긴(要緊)한	Necessarius, Necesse
요긴(要緊)함	Indigentia, Necessitas
요긴(要緊)히	Essentialiter, Necessario
요동(搖動) 없는	Immobilis, Immotus
요동(搖動) 없이	Immobilitas
요동(搖動)케 함	Excussio
요동(搖動)하다	Agito, Vacillo
요동(搖動)함	Agitatio, Commotio
요동(搖動)치 못함	Immobilitas
요란(搖亂)케 하다	Bacchor, Consterno, Deturbo, Inquieto, Obstrepo
요란(搖亂)하다	Tumultuor
요란(搖亂)한	Procellosus, Tumultuosus
요란(搖亂)한 소리	Strepitus
요란(搖亂)한 소리나다	Strepo
요란(搖亂)함	Inquies, Tubatio, Tumultus
요란(搖亂)히	Tumultuarie
요량(料量) 없는	Improvidus
요량(料量)하다	Conjicio, Provideo

요량(料量)하여	Consulto
요량(料量) 있는	Providus
요사이	Nuper, Recens
요사이의	Nuperus, Recens
요술(妖術)	Magia
요술(妖術)하는 자(者)	Magus
욕(辱)	Contumelia, Injuria, Maledictum, Probrum
욕(辱)되게	Indigne, Injuriose, Probrose
욕(辱)되게 하다	Dedecoro
욕(辱)되는	Contumeliosus, Injuriosus, Probrosus
욕(辱)됨	Dedecus
욕설로 꾸짖다	Impropero
욕심(欲心)	Concupiscentia, Cupiditas, Cupido
욕심(欲心)내다	Concupisco
욕지기	Nausea
욕지기나다	Nauseo
욕(辱)하다	Insulto, Injurior, Maledico
욕(辱)한 자(者)	Offensor
용(龍)	Draco
용감(勇敢)한	Gnavus, Virilis
용감(勇敢)함	Gnavitas
용감(勇敢)히	Audacter, Gnave, Viriliter
용납(容納)치 못하는	Incapax
용납(容納)하다	Capio, Comprehendo, Contineo
용납(容納)함	Capacitas
용덕(勇德)	Fortitudo
용도(甬道)	Agger
용렬(庸劣)이	Crasse
용렬(庸劣)한	Crassus, Imbecillis, Rudis
용렬(庸劣)함	Crassitudo, Ruditas

용로(用路)	Agger
용맹(勇猛)	Strenuitas, Virtus
용맹(勇猛)한	Fortis, Strenuus
용맹(勇猛)함	Fortitudo
용맹(勇猛)히	Fortiter, Strenue
용맹(勇猛)히 싸우다	Acer. Acre praelium facere.
용모(容貌)	Vultus
용병(勇兵)	Bellator
용서(容恕)하기 쉬운	Venialis
용서(容恕)하다	Condono, Ignosco, Indulgeo, Parco
용서(容恕)함	Venia
용애	Cisterna
용약(踊躍)하는	Ovans
용약(踊躍)하다	Exsulto *vel* Exulto, Gestio
용약(踊躍)함	Exsultatio *vel* Exultatio, Gestio
용이(容易)하게	Habiliter
용케	Perite
용한	Peritus
우는	Lacrymosus, Lugubris
우두둑 소리나다	Strideo
우두둑 우두둑하는	Stridens
우두둑하는 소리	Stridor
우러러보다	Suspicio
우리 성품(性品)과 짐승의 성품(性品)이 다르다	Absum. Absumus a natura ferarum.
우리나라의	Nostras
우리들	Nos
우리의	Noster
우모(羽毛) 없는	Implumis
우몽(愚蒙)한	Amens, Desipiens, Vecors
우몽(愚蒙)함	Amentia, Vecordia

우몽(愚蒙)히	Amenter
우묵한	Concavus
우물	Puteus
우물 입	Orificium
우물의	Putealis
우박(雨雹)	Grando
우박(雨雹) 오다	Grandinat
우산(雨傘)	Umbella, Umbraculum
우상(偶像)	Simulacrum
우선(于先)	Imprimis
우스운	Ridiculus
우습게	Ridicule
우연(偶然)한	Fortuitus
우연(偶然)함	Fors
우연(偶然)히	Fortuito, Temere
우연(偶然)히 오다	Obvenio
우장(雨裝)	Penula
우환(憂患)	Calamitas
운기(運氣)	Lues, Pestilentia
운기(運氣)의	Pestilens
운수(運數)	Fatum, Fortuna, Sors
운수(運數)의	Fatalis
울	Repagula, Sepes, Septum
울게 하는	Lacrymosus
울다	Ejulo, Fleo. Lacrymo, Lacrymor, Lugeo, Musso, Ululo
울리다	Resono
울림	Resonantia
울음	Fletus
울타리	Repagula, Sepes
울타리를 치다	Sepio

욺	Fletus
움	Vitulamen
움직이게	Mobiliter
움직이게 하다	Mobilito
움직이다	Commoveo, Moveo
움직일 만한	Mobilis
움직임	Agitatio, Commotio, Motio, Motus
움큼	Pugillus
움푹한	Cavus
웃다	Rideo, Renideo
원(願)	Desiderium
원근(元根)	Generatim
원망(怨望)	Querimonia
원망(怨望)하기 습관(習慣)된	Querulosus
원망(怨望)하는	Querulus
원망(怨望)하는 말	Querela
원망(怨望)하는 소리	Questus
원망(怨望)하다	Conqueror, Murmuro, Queror
원망(怨望)함	Murmur
원수(怨讐)	Hostis, Inimicitia, Inimicus, Simultas
원수(怨讐) 갚는	Ultrix
원수(怨讐) 갚는 자(者)	Ultor, Vindex
원수(怨讐) 갚다	Ulciscor, Vindico
원수(怨讐) 갚음	Ultio, Vindicatio, Vindicta
원수(怨讐) 된	Infensus
원수(怨讐) 못 갚은	Inultus
원수(怨讐)로	Hostiliter
원수(怨讐)를 갚다	A. Ulcisci se ab inimico.
원수(怨讐)에게 죽다	A. Cadere ab hoste. (Ov.)
원수(怨讐)진	Hostilis

원욕(願慾)	Cupido, Desiderium, Studium
원욕(願慾)에 맞는	Voluptarius
원의(原意)	Appetitus, Desiderium, Placitum, Voluntas
원(願)치 아니하다	Nolo
원컨대	Utinam
원(願)하다	Concupio, Cupio, Desidero, Opto, Volo
원한(怨恨)	Odium
원(願)한 것	Optatum
원(願)할 만한	Desiderabilis, Optabilis
원(願)함	Adoratio
원행(元行)	Elementum
월(月)	Luna, Mensis
위(位)	Persona
위로	A. A summo. , Supra, Sursum
위로(慰勞)	Consolatio, Refrigerium
위로(慰勞)되는 것	Levamen, Solamen
위로(慰勞)하는 이	Consolator
위로(慰勞)하다	Consolor, Solor
위로(慰勞)할 만한	Consolabilis
위로(慰勞)함	Solatio
위선(爲先)	Potius, Potissime, Praesertim
위엄(威嚴)	Majestas, Severitas
위엄(威嚴)하게	Auguste
위에	Desuper, Insuper, Prae, Super, Superne, Supra
위에 더하다	Addo
위에 말한	Supradictus
위에 앉다	Praesideo
위에 있다	Insum, Praesum
위에서	Desuper, Superne
위의	Superior, Supernus, Superus

위(位)의	Personalis
위의(威儀)	Paratio, Pompa
위태(危殆)하게	Periculose
위태(危殆)하다	Labasco
위태(危殆)한	Exitiabilis, Exitiosus, Periculosus
위태(危殆)한 지경(地境)에 있다	Periclitor
위태(危殆)함	Periculum
위(爲)하다	Dico, Faveo
위(爲)하여	Ad, A. Hoc factum est a me. (Cic.), Ergo, In, Per, Pro, Propter, Ut
위함	Cultus
위험(危險)	Discrimen, Periculum
위험(危險)하다	Ingruo
유(柔)한	Mollis
유감(誘感)	Lenocinium, Tentatio
유감(誘感)하는 자(者)	Tentator
유감(誘感)하다	Tento
유대의 돈	Stater
유리(琉璃)	Vitrum
유리(琉璃)그릇	Vitrea
유리(琉璃)의	Vitreus
유명(有名)케 하다	Nobilito
유명(有名)한	Celeber, Clarus, Conspicuus, Famosus, Illustris, Inclytus, Nobilis, Praeclarus, Prospicuus
유명(有名)함	Celebritas, Nobilitas
유명(有名)히	Celebriter, Conspicue, Insignite, Nobiliter, Praeclare, Prospicue
유모(乳母)	Nutrix
유물(遺物)	Legatum
유복자(遺腹子)	Postumus
유복(有福)한	Faustus, Felix, Fortunatus

유복(有福)함	Felicitas
유복(有福)히	Fauste, Feliciter
유사(有司)	Praepositus
유삼(油衫)	Penula
유서(遺書)	Testamentum
유서(遺書)하는 자(者)	Testator
유순(柔順)함	Complacentia
유식(有識)한	Doctus, Gnarus, Litteratus, Scientificus
유식(有識)히	Erudite, Gnare, Scienter
유심(留心)하다	Attendo
유심(留心)함	Attentio
유약(柔弱)하게	Remisse
유업(遺業)	Clerus, Haereditas vel Hereditas, Patrimonium
유업(遺業) 받는 자(者)	Haeres *vel* Heres
유예(猶豫)하다	Dubito
유예미결(猶豫未決)하다	Fluctuo
유익(有益)	Profectus, Proventus, Quaestus
유익(有益)하게	Utiliter
유익(有益)하다	Expedit, Inservio, Proficio, Prosum
유익(有益)한	Proficuus, Salutaris, Utilis
유익(有益)할	Praestabilis
유익(有益)함	Commodum, Expeditio, Utilitas
유인(誘引)하는	Illecebrosus
유인(誘引)하는 자(者)	Seductor
유인(誘引)하다	Induco, Inesco, Pellicio, Seduco
유인(誘引)함	Illecebra, Seductio, Suggestio
유자(榴子)	Malum
유자(榴子)나무	Malus
유재(遺財)	Legatum
유진(留陣)하는 데	Castra

유표(有表)한	Insignis
유(柔)하게	Leniter, Molle
유(柔)하게 하다	Mollio
유향(乳香)	Thus
유향(乳香)의	Thureus
유혈(流血)	Cruor
유형(有形)한	Corporalis, Corporeus, Sensibilis
유황(硫黃)	Sulphur
유회(油灰)	Bitumen
육백(六百)	Sexcenti
육백(六百) 번(番)	Sexcenties
육백(六百)째	Sexcentesimus
육시(戮屍)하다	Excarnifico
육신(肉身)	Corpus
육신(肉身) 위(爲)하는	Sensualis
육신(肉身) 위(爲)하는 마음	Sensualitas
육신(肉身)의	Carnalis, Corporalis
육신기계(肉身機械)	Organum
육십(六十)의	Sexagenarius
육지(陸地)	Arida, Terra
육(肉)지기	Lanius
육지(陸地)의	Terrestris
육(肉)초	Candela
육축(六畜)	Animal, Pecu
육품(六品)	Diaconatus
육품(六品) 받은 이	Diaconus
육품천신(六品天神)	Potestates
윤도(輪圖)	Pyxis. Pyxis magnetica.
윤음(綸音)	Decretum, Edictum
윤일(閏日)	Bissextus

윤일(閏日)든 해	Bissextilis
윤택(潤澤)케 하다	Nitido
윤택(潤澤)하다	Niteo
윤택(潤澤)한	Nitidus
윤택(潤澤)한 빛	Nitor
윤택(潤澤)히	Nitide
윤허(允許)하다	Annuo, Concedo, Tribuo
윤허(允許)함	Concessio
으뜸	Antistes, Praesul, Primarius, Princeps
으뜸 관원(官員)	Praeses
으뜸 되는	Principalis
으뜸 된	Principalitas
으뜸 위(位)	Principatus
으뜸 중(中)에 어떤 이	A. Nonnulli a primis.
으뜸 층(層)	Primatus
으뜸으로	Praecipue, Principaliter
으뜸으로 있는	Praecipuus
으로	E
으스러뜨리다	Elido, Tundo
은	Autem, Quidem, Vero
은(銀) 장인(匠人)	Aurifex
은고(銀庫)	AErarium
은(銀)그릇	Argentum
은근(慇懃)함	Assiduitas
은근(慇懃)히	Clam, Operte
은근(慇懃)히 듣다	Subaudio
은덕(恩德)	Beneficentia
은사(恩赦)	Indulgentia
은수자(隱修者)	Eremita
은(銀)으로 한	Argenteus

은(銀)의 것	Argenteus
은인(恩人)	Benefactor
은전(銀錢)	Argentum, Nummus
은혜(恩惠)	Beneficium, Favor, Gratia
은혜(恩惠) 아는	Gratus
은혜(恩惠)로 주는	Gratuitus
은혜(恩惠)로운	Beneficus, Gratiosus
은혜(恩惠)로이	Favorabiliter, Gratiose
은혜(恩惠)하다	Benefacio
은휘(隱諱)하다	Diffiteor, Infitior
은휘(隱諱)함	Dissimulatio, Reticentia
음란(淫亂)	Impudicitia
음란(淫亂)하게	Impure
음란(淫亂)한	Impudicus, Impurus, Incontinens, Luxuriosus, Obscenus
음란(淫亂)한 것	Scortum
음란(淫亂)함	Incontinentia, Obscenitas
음란(淫亂)히	Impudice, Lascive, Obscene
음성(音聲)	Pronuntiatio
음성(音聲) 있는	Vocalis
음술(淫術)	Maleficium
음식(飮食)	Alimentum, Cibus, Dapes, Esca, Nutrimentum, Obsonium
음식(飮食) 끓이다	Coquo
음식(飮食) 덩어리	Offa
음식(飮食) 먹이다	Cibo
음식(飮食) 사다	Obsono
음식(飮食) 소화(消化)함	Coctio
음식(飮食) 차리는 자(者)	Coquus
음식(飮食)광	Cellarium
음욕(淫慾)	Libido

음율(音律)	Musica
음율(音律) 아는 이	Musicus
음탕(淫蕩)하다	Libidinor
음해(陰害)	Insidiae
음행(淫行)의 여인(女人)	Meretrix
읍(邑)	Civitas
읍내(邑內)	Civitas, Moenia, Oppidum, Urbs
읍내(邑內) 길	Platea
읍내(邑內) 사람	Civis, Oppidani
읍내(邑內)의	Urbanus
읍인(邑人)	Civis
응그리다	Fremo, Infremo
응그림	Fremitus
응당(應當)히	Consequenter
의(義)	Justitia
의견(意見)	Judicium
의논(議論)	Institutum
의논(議論)하다	Delibero
의논(議論)함	Deliberatio
의덕(義德)	Justitia
의례(依例)의	Solitus
의례(儀禮)의	Formalis
의례(依例)히	Regulariter, Solite, Usitate
의(義)로	Juste
의(義)로운	Justus
의론(議論)	Concilium, Mentio, Synodus, Tractatio
의론(議論)의	Synodalis
의론(議論)하면	Quoad
의복(衣服)	Indumentum, Vestimentum, Vestis
의복(衣服) 두는 장(欌)	Vestiarium

의복(衣服) 입음	Vestitus
의부(義父)	Vitricus
의술(醫術)	Medicina
의식(衣食)	Victus
의심(疑心)	Dubium
의심(疑心) 많은	Suspiciosus
의심(疑心) 없는	Certus, Indubius
의심(疑心) 없음	Convictio
의심(疑心) 있게	Diffidenter
의심(疑心) 잘하는	Suspicax
의심(疑心) 중에 있는	Ambiguus
의심(疑心) 중에 있는 것	Anceps
의심(疑心)나게 하는	Suspiciosus
의심(疑心)하다	Ambigo, Dubito, Suspicor
의심(疑心)하며	Dubitanter
의심(疑心)할 수 없는	Indubitabilis
의심(疑心)함	Diffidentia
의심(疑心)히	Ambigue
의(義)에 거슬려	Injuste
의외(意外)의	Inopinatus
의원(醫員)	Medicus
의인(義人)	Justus
의자(義子)	Adoptivus
의지(依支) 하는 것	Anchora, Fulcimen, Fulcimentum, Sustentaculum
의지(依支)하다	Adhaereo, Astruo, Confido, Confugio, Incumbo, Innitor, Insisto
의지(依支)하여	Fretus
의지(依支)한	Fretus
의탁(依託)	Firmamentum, Refugium
의탁(依託) 없는	Orbus
의탁(依託)되는 것	Stabilimentum

의합(宜合)하다	Assentio, Concordo, Consentio, Convenio, Placeo
의합(意合)하지 않다	Dissentio
의합(意合)한	Concors
의합(意合)함	Consensus
의향(意向)	Intentio, Mens
의향(意向)에	Penes
의향(意向)하는	Intentus
의혹(疑惑)	Dubium, Perplexitas
의혹(疑惑) 없이	Indubitanter
의혹(疑惑)하는	Perplexus
의혹(疑惑)하다	Ambigo, Diffido, Dubito, Haesito, Suspecto, Suspicio
의혹(疑惑)함	Haesitatio, Suspectio, Suspicio
의혹(疑惑)히	Ambigue
이 [*동물 이(虱)]	Pediculus
이 [*이것]	Hic, Is
이 [*이빨]	Dens
이 갈다	Frendeo, Frendo, Infremo, Strideo
이 모양(模樣)의	Talis
이(利)	Emolumentum, Lucrum
이(利) 보다	Lucrifacio, Lucror
이(利) 얻다	Lucrifacio, Lucror
이것	Hic
이관(耳官)	Auditus
이기다	Debello, Praetereo, Praevaleo, Praeverto, Supero, Vinco
이기지 못할	Inexpugnabilis, Insuperabilis, Invincibilis
이길 만한	Superabilis
이길 수 없게	Invicte
이길 수 없는	Invictus
이끌다	Abduco, Allicio, Attraho, Deduco, Pertraho, Traho
이끌어 내다	Educo

이끌어 들이다	Initio, Intimo
이끌어 오다	Adduco
이끌어내다	Produco, Promo
이끌어들이다	Introduco
이끌어들임	Introductio
이끎	Tractus
이나	Aut, Seu, Sive, Tum...cum, Ve, Vel
이다지	Tanto
이단(異端)	Superstitio
이단(異端)스럽게	Superstitiose
이단(異端)의	Superstitiosus
이대로	Sic, Taliter
이도	Tum...cum
이따금	Nonnunquam
이때까지	Hactenus
이러냐	Siccine
이러므로	Adeo, Ergo, Ideo, Igitur, Inde
이러므로써	Ita
이러한	Talis
이렇게	Adeo, Taliter
이렇게 잠간(暫間)	Tantisper
이렇게 큰	Tantus
이렇듯이	Quam, Tam, Tantum, Tantumdem
이렇듯이 많은	Quamplurimus
이렇듯이 많이	Tantopere
이렇듯이 오래	Tamdiu
이렇듯이 적게	Tantillum
이렇듯이 적은	Tantillus, Tantulus
이렇듯이 크게	Tanti
이로 인(因)하여	Exinde, Quapropter

이(利)로운	Lucrativus, Proficuus
이(利)롭다	Prosum
이루다	Efficio, Informo
이루어지다	Fio
이루지 못한	Imperfectus
이르다 [*도달하다]	Accido, Advenio, Attingo, Evenio, Pervenio, Venio
이르다 [*말하다]	Denuntio, Dico, Expono, Loquor, Moneo
이르러 가다	Pervado
이른바	Videlicet
이름 [*도달함]	Adventus
이름 [*말하다]	Assertio, Monitio
이름 [*名]	Fama, Nomen, Signatura, Significatio
이름 두다	Consigno, Subscribo
이름 아니 부르다	Abstineo. Abstinere nominibus.
이름 짓다	Intitulo, Nomino
이름난	Illustris
이름남	Celebritas
이름하다	Appello
이리	Eo, Lupus
이리로	Hac, Huc
이리로 저리로	Ultro. Ultro citroque.
이리저리	Sparsim
이마	Frons
이며	Tum...cum
이면(裏面)	Jus
이모(姨母)	Matertera
이물	Prora
이미	Cum vel Quum, Jam, Nam, Quandoquidem, Quippe, Quoniam, Siquidem
이미 오래	Jamdiu, Jamdudum
이백(二百)	Ducenti

이별(離別)하다	Abeo, Abscedo, Secedo
이별(離別)함	Secessio
이불	Opertorium, Stragulum, Stratum, Stroma
이사(移徙)하다	Emigro, Migro, Transmigro
이사(移徙)함	Emigratio, Migratio, Transmigratio
이삭	Spica
이상(異常)하게 하다	Mirifico
이상(異常)한	Admirabilis, Insolens, Insolitus, Insuetus, Mirabilis, Mirus, Prodigiosus, Singillatim
이상(異常)한 것	Prodigium
이상(異常)함	Insolentia
이상(異常)히	Admirabiliter, Mire, Singulariter
이상(異常)히 여기다	Miror, Obstupesco
이상(異常)히 여길	Mirandus
이슬	Ros
이슬 내리다	Roro
이슬에 젖은	Roscidus
이십(二十)	Viginti
이야기	Conversatio, Historia
이야기하다	Confabulor, Conversor, Enarro, Fabulor, Narro, Sermocinor
이야기함	Narratio, Sermocinatio
이어	Continue
이(理)에 합(合)하게	Rationabiliter
이에서 많은	Plures
이운	Marcidus
이울다	Marceo
이울어지다	Flacceo, Flaccesco
이울지 못할	Immarcessibilis
이웃	Vicinia
이웃의	Vicinus

이은	Continens, Continuus
이은 것	Junctura
이익(利益)	Emolumentum, Lucrum, Processus, Quaestus, Usura
이익(利益) 있는	Quaestuosus
이전(以前) 것 되어지다	Veterasco
이전(以前) 모양(模樣)으로	Prisce
이전(以前)에	Jamdudum
이전(以前)의	Praecedens, Vetus
이점(痢漸)	Dysenteria
이제	Modo, Nunc
이지러짐	Defectus
이질(痢疾)	Dysenteria
이체(理體) 다툼	Controversia
이치(理致)	Ratio
이태	Biennium
이틀	Biduum
이틀 밤	Binoctium
이편(便)에	Horsum
이환(耳環)	Inaures
이후(以後)로부터	Posthinc
이후(以後)에	Posthac
익모초(益母草)	Artemisia
익숙해지다	Suesco
익애(溺愛)하다	Adamo
익어가다	Assuesco, Consuesco, Maturesco
익은	Maturus
익음	Assuetudo, Maturitas
익지 못한	Imperitus
익지 아니한	Immaturus, Inassuetus
익지 아니한 무화과(無花果)	Grossus

익지 않음	Cruditas
익히 보다	Considero, Expendo
익히 봄	Contemplatio
익히 생각하다	Pendo, Perpendo, Reputo
익히 생각하여	Considerate
익히다	Assuefacio, Coquo, Edisco, Exerceo, Maturo
익힘	Coctio, Exercitatio
인(印)	Sigillum, Signaculum
인경(人定)	Campana
인내(忍耐)	Patientia, Tolerantia
인내(忍耐)하는	Longanimis, Longanimitas, Patiens
인내(忍耐)하다	Tolero
인내(忍耐)함으로	Patienter
인도(引導)하다	Conduco, Deduco, Dirigo, Duco, Induco, Perduco
인도(引導)한	Directus
인물(人物)	Forma
인사(人事)	Humanitas
인사(人事) 모름	Asperitas
인색(吝嗇)한	Avarus, Illiberalis
인색(吝嗇)함	Avaritia
인색(吝嗇)히	Avare
인성(人性)	Humanitas, Natura
인심(人心)	Popularitas
인애(仁愛)	Charitas
인연(因緣)	Consequentia, Sequela
인유(引誘)하는 것	Lenocinium
인유(因由)하는 물건	Fomes
인유(引誘)하다	Allicio
인자(仁慈)히	Humaniter
인자(仁慈)하게	Benigne

인자(仁慈)한	Benignus, Clemens, Humanus, Misericors
인자(仁慈)함	Benignitas, Clementia, Misericordia
인자(仁慈)히	Clementer, Humane
인정(人情) 없는	Inhumanus
인정(人情) 없음	Inhumanitas
인정(人情) 있는	Humanus
인정(人情)답게	Humane
인제	Amodo
인증(認證)하다	Alligo
인(印)치다	Affigo, Consigno, Imprimo, Sigillo, Signo
인(印)침	Signatio
인(因)하여	Circa, Etenim, Inde, Nam, Ob, Per, Prae, Propter
인호(印號)	Character
인후(咽喉)	Fauces
인후병(咽喉病)	Angor
일	Actio, Actus, Eventus, Factum, Labor, Negotium, Opificium, Opus, Pensum, Res
일 없는	Otiosus
일가(一家)	Agnatus, Cognatio, Cognatus, Consanguineus, Familia, Propinquitas
일가(一家) 되는	Propinquus
일각(一刻)	Quadrans
일간(日間)	Diurnus
일곱	Septem
일곱 모양(模樣)의	Septiformis
일곱 번(番)	Septies
일곱 번(番)째의	Septimo
일곱 해	Septennium
일곱씩	Septeni
일곱은	Septimo
일곱의	Septenarius

일곱째	Septimus
일기(日記)	Commentarium, Diarium, Ephemeris
일기(日氣)	Temperies
일꾼	Mercenarius
일끝	Eventus, Exitus
일다	Sum
일락(逸樂)	Voluptas
일락(逸樂)의	Voluptarius
일런지	Utrum
일리(一里)	Milliarium
일(一)마장	Milliarium
일산(日傘)	Umbella, Umbraculum
일어나다	Exsurgo, Insurgo, Surgo
일어남	Fermentatio
일으키다	Arrigo, Erigo
일전(日前)에	Nuper
일정(一定)	Certe vel Certo, Plane, Profecto, Sane, Utique
일정(一定) 아니	Haudquaquam
일정(一定)치 아니한	Incertus
일정(一定)치 않게	Incerte *vel* Incerto
일정(一定)한	Certus, Indubitabilis, Indubius
일제(一齊)히	Una
일찍	Mature
일찍 된	Primitivus
일컫다	Nomino
일통(一統)	Universitas
일통(一統)으로	Communiter
일품(一品) 받은 이	Ostiarius
일품천신(一品天神)	Seraphim
일하는 곳	Officina

일하다	Laboro, Operor
일할 때에 부지런한	Acer. Acer in rebus agendis.
일함	Operatio
일후(日後)	Dehinc
일흔	Septuaginta
일흔 된	Septuagenarius
일흔 번(番)	Septuagies
일흔씩	Septuageni
잃다	Amitto, Perdo
잃어버리다	Amitto
잃어버린	Orbus, Perditus
잃어버림	Amissio, Jactura, Perditio
임	Dominus
임(臨)하다	Advenio
임(臨)함	Adventus
임금	Monarcha, Rex, Tyrannus
임금 같은	Basilicus
임금 노릇하다	Regno
임금 후(後)에 둘째	A. Secundus a rege.
임금답게	Regie
임금의	Regalis, Regius
임금의 권병(權柄)	Sceptrum
임박(臨迫)하다	Immineo, Impendeo, Insto, Subsum
임의(任意)로	Libere
임의(任意)로 하다	Libet *seu* Lubet
임자	Dominus, Proprietarius
임종(臨終)	Agonia
임종(臨終)하는	Moribundus
입	Os
입 벌리고 향(向)하다	Inhio

입 벌리다	Oscitor
입 벌림	Oscitatio, Rictus
입김	Halitus
입김 내다	Exhalo
입김 냄	Exhalatio
입김내다	Halo
입냄새	Halitus
입다	Induo
입맞추다	Osculor
입맞춤	Osculum
입술	Labium
입은	Amictus, Onustus
입의	Verbalis
입지(立旨)	Diploma
입천장(天障)	Palatum
입혀주다	Induo
입히다	Induo, Vestio
잇는 자(者)	Successor
잇다	Colligo, Continuo, Injungo, Jungo
잇몸	Gingiva
있는	Situs
있는 것	Ens
있는 체하다	Affecto
있다	Existo, Habeo, Possideo, Resideo, Subsisto, Sum, Versor, Vivo
있음	Existentia, Subsistentia
잉태(孕胎)	Conceptio
잉태(孕胎)하다	Concipio
잉태(孕胎)한	Gravidus
잉태(孕胎)함	Praegnatio
잊다	Obliviscor

잊어버리다	Obliviscor
잊어버린	Immmor
잊음	Oblivio
잊음 헐(歇)한	Obliviosus
잎	Folium
잎 피어 나다	Frondesco
잎사귀	Folium
잎새 성(盛)한	Frondosus
잎새 성(盛)한 나뭇가지	Frons
잎새 피다	Frondeo

자

자	Cubitus, Metrum, Pes
자(者)	Qui
자객(刺客)	Sicarius
자고저(字高低)	Accentus
자귀	Ascia
자기(自己)	Ipse, Ipse, Sui
자기(自己)의	Personalis, Suus
자녀(子女)	Liberi
자다	Dormio, Obdormio
자라	Testudo
자라다	Adolesco, Cresco, Grandesco, Pubesco
자락	Ora
자란	Adultus, Pubes
자람	Crescentia
자랑	Jactantia
자랑스럽게	Jactanter
자랑하는	Vaniloquus
자랑하는 자(者)	Ostentator
자랑하다	Jacto, Ostento

자랑함	Ostentatio, Vaniloquentia
자루 [*손잡이]	Manubrium
자루 [*주머니]	Saccus
자르다	Inolesco
자른	Brevis, Curtus
자름	Brevitas
자리	Matta, Positio, Sedes
자립(自立)	Substantia
자물쇠	Sera
자물쇠 채우다	Obsero
자배기	Pelvis
자비(慈悲)한	Misericors
자빠진	Resupinus
자세(仔細)한	Accuratus
자세(仔細)히	Accurate, Minute
자세(仔細)히 달아보다	Pensito
자세(仔細)히 보다	Conspicio, Contemplor, Penso, Perspicio, Inspicio, Intueor
자세(仔細)히 보아가다	Perlego
자세(仔細)히 살피다	Pertracto, Scrutor
자세(仔細)히 생각하다	Appendo, Considero, Pensito
자세(仔細)히 찾다	Requiro
자손(子孫)	Nepotes, Posteri, Progenies, Propago, Sejunctim
자식(子息)	Filius, Proles, Puer, Soboles
자식(子息)들	Liberi
자애(慈愛)	Pietas
자애(慈愛)로이	Misericorditer, Pie
자애(慈愛)한	Pius
자연(自然)의	Naturalis
자연(自然)히	Naturaliter
자욱함	Densitas

자원(自願)으로	Sponte, Ultro
자원(自願)의	Ultroneus
자원(自願)하는	Spontaneus
자주	Crebro, Frequenter, Saepe
자주 그르치는	Errabundus
자주 날다	Volito
자주 변(變)하는	Versatilis
자주 부르짖다	Vocito
자주 분노(忿怒)하는	Iracundus
자주 쓰다	Usitor
자주 읽다	Lectito
자주 저히다	Minitor
자주(紫朱)꽃	Viola
자주장(自主張)	Libertas, Libitus
자주장(自主張)대로	Solute
자주장(自主張)의	Liber
자주장(自主張)하여	Ingenue
자주장(自主張)함	Ingenuitas
자주하다	Frequento
자줏(紫朱)빛 가진	Violaceus
자증(自證)하다	Assero
자취	Vestigium
작객(作客)하다	Diversor, Hospitor
작게	Parvi
작만(作滿)하다	Comparo
작말(作末)하다	Tero
작위(爵位)	Dignitas
작은	Minor, Pusillus
작은 가지	Ramulus
작은 개	Catulus

작은 광주리	Fiscina
작은 그릇	Vasculum
작은 나무	Frutex
작은 동네	Viculus
작은 머리	Capitulum
작은 못	Piscina
작은 물고기	Pisciculus
작은 물병(甁)	Urceolus
작은 방(房)	Sella
작은 배	Navicula, Scapha
작은 벌레	Vermiculus
작은 산(山)	Collis
작은 새집	Nidulus
작은 성당(聖堂)	Capella, Sacellum
작은 양(羊)	Ovicula
작은 염소	Capella
작은 일	Opusculum
작은 적삼(積衫)	Tunicella
작은 지방(地方)	Loculus
작은 책(冊)	Enchiridion, Libellus, Manuale, Opusculum
작은 칼	Cultellus
작정(作定)함	Ratihabitio, Stipulatio
작죄(作罪)하다	Criminor
잔(盞)	Calix, Phiala, Poculum, Scyphus
잔나비	Simius
잔디풀	Gramen
잔뜩	Plene
잔말 많은	Garrulus
잔소리 많이 하다	Garrio
잔치	Convivium, Epulae

잔치 손	Conviva
잔치하는 자리	Recubitus
잔치하다	Convivor, Epulor
잔학(殘虐)한	Inhumanus
잔학(殘虐)함	Inhumanitas
잘	Belle, Bene
잘 계시오	Ave *seu* Salve
잘 있거라	Salve!, Vale
잘 있는	Salvus
잘 있다	Salveo
잘게	Brevi, Breviter
잘게 하다	Brevio
잘되다	Succedo
잘됨	Successio, Successus
잘못	Male, Perperam
잘못하다	Malefacio
잠	Somnus, Sopor
잠 아니 자는	Vigil
잠 아니 자다	Vigilo
잠 없는	Insomnis
잠 없음	Insomnia
잠간(暫間)	Aliquamdiu, Aliquantulum, Brevi, Obiter, Parumper, Paulisper
잠그다	Immergo, Mergo, Obsero
잠금	Immersio
잠깨다	Evigilo, Expergiscor
잠들게 하다	Sopio
잠시(暫時)	Momentum
잠시(暫時)에	Temporarie
잠시(暫時)의	Momentaneus, Temporalis, Temporarius, Transitorius

잠잠(潛潛)하다	Taceo
잠잠(潛潛)한	Taciturnus
잠잠(潛潛)함	Taciturnitas
잠잠(潛潛)히	Tacite
잡념(雜念)	Distractio
잡다	Apprehendo, Arripio, Capio, Capto, Carpo, Comprehendo, Corripio, Excipio, Prehendo, Teneo
잡(雜)된	Varius
잡색(雜色)의	Omnicolor
잡아 내리다	Detrudo
잡아당기다	Traho
잡아드리다	Contraho
잡아매다	Colligo
잡아먹다	Devoro
잡을 수 없게	Incomprehensibiliter
잡음	Captio, Captus, Comprehensio, Prehensio
잡지 못할	Incomprehensibilis
잡풀	Lolium, Zizania
잡힌	Illectus
잡힘	Captivitas
장(場)	Macellum
장(章)	Capitulum
장(欌)	Armarium
장가 아니 든	Innuptus
장검(長劍)	Ensis
장고(長鼓)	Tympanum
장관(長官)	Praelatus
장교(將校)	Satelles
장구(長久)하다	Perduro
장구(長久)한	Diuturnus, Indeficiens
장구(長久)할 만한	Durabilis

장구(長久)함	AEternitas
장구(長久)히	Aeterne, Diuturne
장기(長旗) 손잡이	Temo
장기대(張旗臺)	Patibulum
장난하다	Lascivio
장닭	Gallus
장대(長大)한	Magnus
장딴지	Poples
장래(將來)	Deinceps
장래(將來)의	Futurus
장력(張力)	Vigor
장례예절(葬禮禮節)	Exequiae
장로(長老)들	Seniores
장림(將臨) 때	Adventus
장마	Imber, Inundatio
장마의	Nimbosus
장막(帳幕)	Papilio, Tabernaculum, Tentorium
장막(帳幕)치는 자(者)	Scenofactorius
장만하는	Provisor
장만하다	Praeparo
장만함	Provisio
장모(丈母)	Socrus
장물(贓物) 잡다	Proscribo
장부(丈夫)	Conjux, Maritus, Vir
장사	Mercator, Venditor
장사(葬事)	Funus, Humatio, Sepultura
장사(葬事)하다	Humo, Tumulo
장사하는 자(者)	Negotiator
장사함	Commertium, Mercatio, Mercatura
장성(長成)하다	Adolesco, Pubesco

장성(長成)한	Adultus, Pubes
장성(長成)함	Pubertas, Virilitas
장성(長成)히	Viriliter
장수(將帥)	Dux, Imperator
장수(長壽)함	Grandaevitas
장식(裝飾)	Sera
장(長)옷	Stola
장이	Artifex
장인(丈人)	Socer
장인(匠人)	Artifex, Faber, Opifex,
장취(長醉)하는	Ebriosus
장취(長醉)하는 자(者)	Potator
장(場)터	Forum
장(壯)하게	Magnifice
장(長)하다	Adolesco
장(壯)한	Magnificus
장형(長兄)	Natu. Natu maximus.
잦다	Crebresco
잦은	Creber, Frequens
잦음	Frequentia
재(齋)	Jejunium
재(灰)	Cinis
재갈	Frenum
재갈 먹이다	Freno, Refreno
재갈 벗은	Effrenus
재난(災難)	Exitium
재능(才能)	Captus, Facultas, Peritia
재능(才能) 있게	Scite
재능(才能) 있는	Dexter, Peritus
재다	Metior

재담(才談)	Facetiae
재료(材料)	Dos, Elementum, Materia
재료(材料)의	Materialis
재명일(再明日)	Perendie
재목(材木)	Lignum, Tignum
재목(材木)의	Tignarius
재물(財物)	Aurum, Bona, Divitiae, Gaza, Opes, Substantia, Thesaurus
재물(財物) 모으다	Thesaurizo
재미없는	Injucundus
재미없이	Injucunde
재미있게	Jucunde
재미있는	Jucundus
재미있음	Jucunditas
재상(宰相)	Aulicus, Senatus
재상(宰相)들	Magnater, Optimates, Proceres
재앙(災殃)	Calamitas, Plaga, Viduertas
재앙(災殃)된	Calamitosus
재어보다	Dimetior
재재(才齊)하다	Modificor
재주	Industria, Ingenium
재주 없는	Imperitus
재주 없음	Imperitia, Scaevitas
재주 없이	Imperite
재주 있는	Industrius, Ingeniosus
재주스럽게	Industrie
재채기	Sternumentum
재채기하다	Sternuo
재촉하는	Properus
재촉하다	Arrigo, Celero, Cito, Insisto, Maturo, Premo, Propero, Sollicite, Urgeo

재촉함	Sollicitatio
재(齋)하다	Jejuno
잼	Dimensio, Mensio
잿물	Lixivium
잿불에 구운	Subcinericius
쟁	Cymbalum
쟁개비	Sartago
쟁기	Aratrum
쟁기 보습	Vomer
쟁론(爭論)	Controversia
쟁선(爭先)하여	Certatim
쟁웅(爭雄)함	Rivalitas
쟁쟁하는 소리	Tinnitus
쟁쟁하는 소리 나다	Tinnio
저 [*대명사]	Ille, Ipse, Iste, Suus
저 [*악기]	Fistula
저곳의	Localis
저기	Illic, Inibi, Istic *vel* Illic
저기로	Isto *vel* Istuc
저녁 나절의	Pomeridianus
저녁 때	Vesper
저녁 때의	Vespertinus
저녁 먹다	Coeno
저녁밥	Coena
저녁의	Serotinus
저는	Claudus
저리로	Illuc
저리로서	Illinc
저문	Serus
저물어 가다	Vesperascit

저버린	Immmor
저울	Bilanx, Statera
저울대	Libra
저울대질 하다	Libro
저울판(板)	Lanx
저의	Suus
저의 행실(行實)에 대하여 몇 마디로 이야기하겠다	Absolvo. De vita ejus paucis absolvam.
저자	Area, Macellum
저자의	Macellarius
저주(詛呪)함	Blasphemia
저편(便)으로	Istac
저희(沮戱)다	Castigo
저히는	Minax
저히는 말	Minae
저히는 모양(模樣)으로	Minaciter
저히다	Intento, Minor
적게	Exigue, Modice
적국(敵國)을 이긴 후(後)에	Conficio. Hostibus confectis.
적당(適當)한	Opportunus
적당(適當)한 때	Tempestivitas
적루(敵樓)	Turris
적삼(積衫)	Tunica, Vestis
적(炙)쇠	Craticula
적시다	Diluo, Humecto, Imbibo, Imbuo, Intingo, Madefacio, Proluo
적실(嫡室)	Legitimus
적은	Exiguus, Modicus, Pauci, Parvus
적은 것	Modicum
적은 먹음	Offula
적은 재물(財物)	Peculium

적음	Exiguitas, Parvitas, Paucitas
전 [*가장자리]	Labrum, Margo
전(廛)	Taberna
전(氈)	Lana
전교(傳敎)하는 자(者)	Praedicator
전교(傳敎)하다	Evangelizo
전교(傳敎)함	Praedicatio
전구(前驅)	Praecursor
전구(轉求)하는 자(者)	Advocatus
전구(轉求)하다	Intercedo, Interpello, Intervenio
전구(轉求)함	Intercessio, Interventio
전기(前期)하다	Anticipo
전(前)날	Pridie
전능(全能)	Omnipotentia
전능(全能)한	Omnipotens
전당(典當)	Arrha, Obses, Pignus
전당(典當) 받다	Pigneror
전당(典當) 주다	Pignero
전당(典當) 줌	Oppigneratio
전당(典當)하다	Oppignero
전대(轉貸)	Pera
전반(剪板)	Regula
전부(佃夫)	Arator
전(前)부터	Perdudum
전설(傳說)하는 자(者)	Narrator
전설(傳說)하다	Narro
전설(傳說)함	Narratio
전송(傳送)하다	Alligo, Lego, Prosequor
전수(傳受)함	Traditio
전(全)술	Merum

전심(全心)으로	Attente
전(前)에	Ante, Ante, Antequam, Pridem, Quondam
전(前)에 있는	Praeexistens, Priscus, Pristinus
전위(傳位)하다	Abdico
전위(傳位)함	Abdicatio
전(前)의	Priusquam
전장(田莊)	Praedium, Villa
전장(田莊) 다스림	Villicatio
전쟁(戰爭)	Pugna
전차(轉借)로 구하다	Intercedo
전통(箭筒)	Pharetra
전파(傳播)되다	Percrebresco
전파(傳播)하는 자(者)	Praedicator
전파(傳播)하다	Diffamo, Divulgo, Publico, Vulgo
전파(傳播)함	Praedicatio
전(傳)하는 자(者)	Propagator, Traditor
전(傳)하다	Evangelizo, Praedico, Propago, Refero
전(傳)하여 오다	Traditur
전(傳)하여 주다	Trado
전(傳)함	Propagatio, Relatio
절 [*사신당(祠神堂)]	Fanum
절다	Claudico
절당(切當)한	Praecisus
절당(切當)히	Concise, Praecise
절덕(節德)	Temperantia
절로	Naturaliter, Sponte, Ultro
절로 따르는	Consequens
절명(絶命)하다	Deficio
절반(折半)	Semis
절벽(絶壁)된	Praeruptus

절요(節要)	Commentarium, Epitome
절이다	Condio, Sallo
절인 것	Condimentum
절인 도야지 다리	Perna
절조(節操) 없는	Intemperans
절조(節操) 없음	Incontinentia, Intemperantia
절중(折中)케 하다	Moderor
절중(折中)함	Moderatio
절중(折中)히	Moderate
절하다	Adoro, Saluto
절(切)하다	Curto
절(切)한	Curtus
절(切)한 창(槍)	Jaculum
절함	Salutatio
젊은이	Adolescens, Ephebus, Juvenis
젊음	Adolescentia, Juventus
점(點)	Accentus, Punctum
점(占)	Augur
점(店)	Fabrica
점심	Prandium
점심 때	Meridies
점심 때에	Meridianus
점심 때의	Meridialis
점심 먹다	Prandeo
점(占)쟁이	Augur, Hariolus
점점(漸漸)	Gradatim, Paulatim, Sensim
점점(點點)이 오리다	Lancino
점(占)치다	Divino, Hariolor
점(占)침	Sortitio
점(占)하다	Conjecto, Hariolor, Sortior

점(占)함	Conjectura, Sortilegium
접다	Plecto, Plico
접붙이다	Consero
접시	Catinus, Ferculum, Patella, Patera
접을 만한	Replicabilis
접(接)하다	Insero, Sero
접(接)함	Junctio
젓가락	Bacillus
젓나무	Cedrus
정	Viriculum
정(情)	Affectus
정가	Improperium
정가하다	Impropero
정강이	Crus, Tibia
정결(淨潔)	Castimonia, Castitas
정결(淨潔)하게	Caste
정결(淨潔)한	Castus
정과(正果)하다	Condio
정녕(叮嚀)하다	Constat
정녕(叮嚀)히 앎	Convictio
정(情)다움	Amicitia
정(情)답게	Amice
정당(正當)히	Exacte
정덕(貞德)	Castimonia, Castitas, Continentia
정(情)듦	Affectatio
정배(定配)	Exilium
정배(定配) 보내다	Exilium. In exilium mittere.
정부(貞婦)	Virago
정분(情分) 있게	Officiose
정분(情分) 있는	Officiosus

정사(政事)	Gubernium, Regimen
정성(精誠) 없는	Indevotus
정성(精誠) 없이	Indevote
정성(精誠) 있는	Devotus
정성(精誠)으로	Devote
정신(精神)	Animus
정신(精神) 없는	Irrationabilis
정신(精神) 잃은	Stupidus
정신(精神) 잃음	Stupor
정신(精神) 흐리게 하다	Fascino
정신(精神) 흐림	Fascinatio
정신(精神)대로	Memoriter
정신(精神)없이 말하다	Deliro
정신(精神)에 보이는 형상(形象)	Phantasia
정언(正言)	Censor
정원(情願)으로	Voluntarie
정원(情願)으로 하는	Voluntarius
정제(精製)히	Culte
정지(定志)	Propositum
정처(定處) 없이	Vege
정친(定親)하는 예절(禮節)	Sponsalia
정(定)하다	Affigo, Coagulo, Concludo, Designo, Destino, Instituo, Propono, Statuo
정(定)한 것	Propositum, Statutum
정(定)함	Nominatio
정(定)함 없는	Indeterminatus
정혼(定婚)하다	Spondeo, Sponso
정혼(定婚)한 여자(女子)	Sponsa
정혼(定婚)함	Desponsio
젖	Lac, Mamilla, Mamma
젖 든 음식	Lacticinium

젖 먹다	Lacteo
젖 먹이다	Lacto
젖 빨다	Lacteo
젖 짜다	Mulgeo
젖게	Humide
젖게 하다	Humefacio
젖꼭지	Mamilla, Mamma
젖끊다	Ablacto
젖다	Madefio, Madeo
젖동무	Collactaneus
젖동생	Collactaneus
젖떼다	Ablacto
젖떼임	Ablactatio
젖은	Humectus, Madidus, Perfusus
젖음	Humiditas
젖통	Uber
제	Qui
제 것 아닌	Improprius
제 눈으로 본	Oculatus
제 동무로 인(因)하여 죽은 자(者)	A. A concivibus suis interemptus. (Cic.)
제(祭)	Holocaustum
제관(祭官)	Sacrificator
제구십(第九十)	Nonagesimus
제기	Pila
제단(祭壇)	Ara
제대(祭臺)	Altare, Ara
제대(祭臺) 아래 평지(平地)	Suppedaneum
제도(制度)	Mensura, Structura
제례(祭禮)	Sacrificium, Sacrum
제명(題名)하여	Nominatim

제목(題目)	Argumentatio, Periodus, Textus, Titulus
제목(題目) 쓰다	Praescribo
제목(題目) 씀	Superscriptio
제목(題目) 주다	Intitulo
제목(題目)의	Titularis
제백(第百)	Centesimus
제병(祭餠)	Hostia
제비	Hirundo, Sors
제비 뽑다	Sortior
제비 뽑음	Sortitio
제사(祭祀)	Sacrificium
제사(祭祀) 지내는 자(者)	Sacrificator
제사백(第四百)	Quadringentesimus
제사십(第四十)	Quadragesimus
제삼(第三)	Tertius
제삼일(第三日)에	Tertius. Tertia die.
제성(提醒)하는 것	Incitamentum
제성(題醒)하는 자(者)	Monitor
제성(提醒)하다	Excito, Incito, Instigo
제성(提醒)함	Incitatio
제십(第十)	Decimus
제어(制御)하는 자(者)	Repressor
제어(制御)하다	Debello, Domo, Freno, Subigo, Subjugo
제어(制御)하지 못할	Indomabilis
제의(祭衣)	Casula, Paramentum, Planeta
제이십(第二十)	Vicesimus
제일(第一)	Imprimis, Potissime, Primarius, Primus
제일(第一) 요긴(要緊)한 것	Summa
제자(弟子)	Alumnus, Discipulus
제작(制作)	Structura

제(祭)지내다	Sacrifico
제팔(第八)	Octavus
제팔백(第八百)	Octingentesimus
제팔십(第八十)	Octogesimus
제(除)하다	Demo, Excipio, Eximo, Secludo
제(除)함	Deductio, Exceptio, Exclusio
제헌(制憲)하다	Immolo, Lito, Macto, Sacrifico
제헌(祭獻)함	Immolatio
조	Milium
조각	Fragmen, Fragmentum, Frustum, Pars, Portio, Segmen
조개	Concha
조격(調格) 있게	Partite
조격(調格) 있는 노래	Rhythmus
조격(調格)으로 하다	Modulor
조관(朝官)	Senatus
조관(朝官)의	Senatorius
조관(照管)하는 이	Gubernator
조그마치	Paululum
조그마한	Parvulus, Paululus
조그마한 아이	Puerulus
조금	Aliquantulum, Modicum, Nonnihil, Parum, Parumper, Paulo, Paulum, Pusillum
조금 낮게	Meliuscule
조금 더	Plusculum
조금 멀리	Longiuscule
조금 어려운	Subdifficilis
조금 지체(遲滯)함	Morula
조금도 아니	Minime, Neutiquam, Nihil et Nil, Nil
조금씩	Minutatim

조당(阻擋)	Clivus, Impedimentum, Obex, Obstaculum, Offendiculum
조당(阻擋)하다	Impedio, Intrico
조롱(嘲弄)	Illusio
조롱(嘲弄)하다	Deludo, Illudo, Irrideo, Rideo
조롱(嘲弄)함	Derideo, Derisio, Irrisio
조리다	Contraho
조모(祖母)	Avia
조목(條目)	Articulus, Paragraphus, Propositio, Sectio, Versiculus
조물주(造物主)	Creator, Plastes
조반(朝飯)	Jentaculum
조배(朝拜)하다	Adoro
조배(朝拜)함	Adoratio
조부(祖父)	Avus
조상(祖上)	Avi
조상(祖上)들	Majores
조성자(造成者)	Creator
조성(造成)하는 자(者)	Plastes
조성(造成)하다	Creo
조성(造成)한 것	Creatura
조성(造成)함	Creatio
조성(造成)함을 받은 것	Creatura, Plasma
조성(造成)함을 받지 아니한	Increatus
조소(嘲笑)	Illusio, Ludibrium
조소(嘲笑)하다	Illudo, Ludifico
조심(操心) 없는	Incautus
조심(操心) 없이	Incaute
조심(操心) 있게	Curate
조심(操心)하다	Caveo
조심(操心)하여	Attente, Considerate
조심(操心)하여 지키다	Invigilo

조심(操心)한	Attentus
조심(操心)함	Attentio, Cautio
조심(操心)히	Caute
조여 받음	Exactio
조이게 하다	Coarcto
조이다	Coarcto, Obstringo, Restringo
조정(朝廷)	Aula, Regia
조정(朝廷) 신하(臣下)	Aulicus
조차	A. ab, abs, (prae. abl.), De, Ex
조찰(澡擦)케	Munde
조찰(澡擦)케 하다	Mundo, Purifico
조찰(澡擦)케 함	Mundatio, Purificatio
조찰(澡擦)하게	Caste
조찰(澡擦)한	Castus, Inviolatus, Mundus, Nitidus, Purus
조찰(澡擦)함	Castimonia, Castitas, Puritas
조찰(澡擦)히	Continenter, Pudice, Pure
조카	Nepos
조카 딸	Neptis
조합(組合)하다	Diluo
조향(操向)	Scopus
족보(族譜)	Genealogia, Stemma
족제비	Vulpes
족(足)하게	Satis
족(足)하다	Sufficio, Suppedito, Suppeto
족(足)함	Sufficientia
존귀(尊貴)케 하다	Nobilito
존귀(尊貴)하게 하다	Honesto
존귀(尊貴)한	Nobilis, Primarius
존귀(尊貴)함	Excellentia, Ingenuitas, Nobilitas
존귀(尊貴)히	Nobiliter

존엄(尊嚴)하게	Auguste
존엄(尊嚴)한	Augustus
존절(撙節)케 하는 것	Temperamentum
존절(撙節)케 하다	Tempero
존절(撙節)한	Frugalis, Parcus, Sobrius, Temperans
존절(撙節)함	Frugalitas, Parcitas, Parsimonia et Parcimonia, Sobrietas, Temperantia
존절(撙節)히	Frugaliter, Parce, Sobrie, Temperanter
졸라매다	Constringo
졸리는	Somnolentus, Veternosus
졸연(猝然)히	Improvise *vel* Improviso
졸음	Sopor
좀	Tinea
좁게	Anguste, Arcte
좁은	Angustus, Arctus
종	Ancilla, Mancipium, Pedisequus, Puer, Sevus
종 모양(模樣)으로	Serviliter
종(鐘)	Campana, Horologium
종기(腫氣)	Tuberculum, Ulcus
종년	Serva
종노릇함	Servitium, Servitudo
종도(宗徒)	Apostolus
종도(宗徒)의	Apostolicus
종류(種類)	Genus, Progenies
종아리	Poples
종없는 말	Absurdum
종없이	Absurde
종의	Servilis
종이	Charta, Papyrum
종자(種子)	Sejunctim
종자(種子) 심다	Semino

종종(種種)	Plerumque
종향(終向)	Finis
종형제(從兄弟)의	Patruelis
좇아	E
좋게	Bene, Eminenter
좋게 원(願)하는	Benevolens
좋겠다마는	Utinam
좋아하는	Contentus
좋아하다	Amo, Honoro
좋아하여	Grataner
좋은	Amoenus, Bellus, Bonus, Jucundus
좋은 마음으로	Macte
좋음	Amoenitas, Bonum
좋지 않은 말	Maledictum
좋지 않은 표양(表樣)	Scandalum
죄(罪)	Commissum, Crimen, Culpa, Delictum, Nefas, Noxa, Peccatum
죄(罪) 다스리다	Vindico
죄(罪) 씻는 제사(祭祀)	Piaculum
죄(罪) 없는	Inculpatus
죄(罪) 없다	Absum. Abesse a culpa.
죄(罪) 있게	Nocenter
죄(罪) 있는 자(者)	Sons
죄(罪)로 고(告)하다	Culpo
죄(罪)로부터 난 빛	Reatus
죄(罪)를 벗게 하다	Justifico
죄목(罪目)	Crimen
죄악(罪惡)	Flagitium, Iniquitas
죄악(罪惡) 있는	Scelestus
죄악(罪惡)에 묻은	Sceleratus
죄안(罪案) 정(定)함	Condemnatio

죄안(罪案)으로 판단(判斷)하다	Condemno
죄인(罪人)	Peccator, Reus
죄인(罪人) 벌(罰)하는 기둥	Patibulum
주(主)	Dominus
주(註)	Commentarium
주감(酒監)	Pincerna
주객(酒客)	Ebriosus, Potator
주관(主管)하다	Dominor, Praesum
주관(主管)함	Dominatio
주교(主教)	Antistes, Episcopus, Praelatus, Praesul, Pontifex
주교(主教)의	Episcopalis, Pontificalis
주교(主教)의 소백의(小白衣)	Rochettus
주교관(主教冠)	Mitra
주교품(主教品)	Pontificatus
주교품위(主教品位)	Praelatura
주(註)내다	Commetior
주년(周年)	Anniversarium
주년(周年)의 것	Anniversarius
주는 자(者)	Dator
주다	Accommodo, Condono, Confero, Do, Dono, Erogo, Impertior, Indulgeo, Perhibeo, Praebeo, Praesto, Suggero, Suppedito, Trado, Tribuo
주둥이	Rostrum
주름	Ruga
주름 접다	Corrugo, Plico
주름잡다	Rugo
주름진	Rugosus
주리 트는 자(者)	Tortor
주리다	Esurio, Indigeo
주린	Famelicus
주림	Esuries, Inedia

주막(酒幕)	Caupona, Diversorium, Hospitium, Popina, Stabulum, Taberna
주막(酒幕)장	Caupo
주막(酒幕)쟁이	Stabularius
주머니	Bursa, Marsupium, Saccus
주먹	Pugnus
주무르다	Palpo
주보(主保)	Advocatus, Patronus, Protector
주보(主保)함	Patrocinium
주인(主人)	Dominus, Herus, Proprietarius
주인(主人)의	Herilis
주일(主日)	Dominicus. Dominica dies.
주(主)의	Dominicus
주자(鑄字)	Character
주장(主張)	Arbitrium, Libertas
주장(主張)대로	Libitus. Ad libitum., Licenter
주장(主張)대로 가림	Optio
주장(主張)에	Penes
주장(主張)하다	Dominor
주재(主宰)	Dominus
주정(酒酊)꾼	Vinolentus
주제 넘은	Praesumptuosus
주제 넘음	Praesumptio
주지 아니하다	Denego
주회(周回)	Ambitio, Circuitus, Circus, Gyrus
죽(粥)	Pulmentarium
죽게	Mortaliter
죽는 처지(處地)	Mortalitas
죽다	Decedo, Decumbo, Defungor, Excedo, Intereo, Morior, Obeo, Occumbo, Oppeto, Pereo
죽도록	Mortaliter

죽었다	Abeo. Abiit e vita.
죽은	Defunctus, Mortuus
죽을	Letalis, Mortalis
죽을 뻔 하였다	Absum. Haud multum abfuit quin occideretur.
죽음	Decessus, Discessus, Excessus, Extinctio, Interitus, Letum, Mors, Obitus
죽음 없는	Immortalis
죽음 없이	Immortaliter
죽이는	Mortifer
죽이는 자(者)	Interfector
죽이다	Abjicio, Abrumpo. Abrumpere vitam., Caedo, Carnifico, Exanimo, Interficio, Interimo, Macto, Neco, Occido, Perimo
죽임	Interfectio, Nex, Occisio
죽지 못함	Immortalitas
준 것	Datum
준걸(俊傑)	Heros
준비(準備)하는	Provisor
준비(準備)함	Provisio
준(準)하다	Approbo, Recognosco
준(準)함	Approbatio
준행(遵行)하다	Exsequor
준행(準行)하다	Perficio
준행(遵行)함	Exsecutio
준허(準許)	Permissum
준허(準許)하다	Probo
줄 [*끈]	Chorda, Funis, Ligamen, Ligatura, Linea, Restis
줄 [*연장]	Lima
줄 긋다	Delineo, Lineo
줄 띄우다	Delineo
줄글	Prosa

줄기	Truncus
줄밥	Scobs *vel* Scobis
줄어가다	Decresco
줄어지게 하다	Extenuo
줄어짐	Decrescentia
줄이다	Contraho, Curto, Obstringo, Restringo
줄임	Diminutio
줄질하다	Limo
줄팔매	Funda
줌 [*건제 줌]	Donatio, Praestatio, Traditio
줌 [*주먹]	Pugillus
중	Bonzii
중간(中間)	Intervallum, Medietas
중간(中間)에	Interea, Medie
중간(中間)에 있는	Intermedius
중매(仲買)하는 자(者)	Mediator
중매(仲買)함	Mediatio
중방(中枋)	Superliminare
중수(中數)	Uncia
중수(重修)하다	Instauro, Reaedifico, Restauro
중수(重修)함	Instauratio, Restauratio
중(中)에	A. Nonnulli a primis., Inter, Intra
중의(中衣)	Femoralia
중지(中止)하다	Intermitto
중지(中止)함	Interruptio
중(重)하여지다	Gravesco
중(重)한	Gravis, Onerosus
중(重)히	Graviter, Pluris
중(重)히 여기다	Magnifacio, Multifacio
쥐	Mus

즈음에	Dum, Interim
즉시(卽時)	Confestim, Continuo, Extemplo, Illico, Immediate, Incunctanter, Parate, Protinus, Statim
즐거운	Delectatio, Gaudium, Hilaritas, Laetus
즐거움	Delectatio, Deliciae, Gaudium, Hilaritas, Jucunditas, Laetitia, Oblectamentum
즐거워지다	Hilaresco
즐거워하는	Hilaris
즐거워하다	Gaudeo, Jubilo, Laetor, Oblector
즐거워할 만한	Laetabilis
즐거워함	Jubilatio
즐거이	Hilare, Laete
즐겁게 하다	Delecto, Hilaro, Laetifico, Oblecto
즐겁게 함	Oblectamentum
즐겨하다	Appeto
즐기는	Avidus, Cupidus
즙(汁)	Liquor, Succus
증거(證據)	Testimonium
증거(證據) 없는	Improbabilis
증거(證據)의	Testimonialis
증거(證據)하는 자(者)	Confessor
증거(證據)하다	Affirmo, Approbo, Arguo, Confiteor, Probo, Testor, Testificor
증거(證據)하지 못할	Improbabilis
증거(證據)함	Affirmatio, Approbatio, Confessio, Testificatio
증고조(曾高祖)	Proavi
증손녀(曾孫女)	Proneptis
증손자(曾孫子)	Pronepos
증조부(曾祖父)	Proavus
증험(證驗)하는	Praesagus
증험(證驗)하다	Ominor

증험(證驗)함	Conclusio
지각(知覺)	Instinctus, Ratio, Sensibilitas
지각(知覺) 없는	Insensatus
지각(知覺) 있는	Sensatus, Sensibilis
지각(知覺)의 관(官)	Sensus
지게	Portatorius
지경(地境)	Finis. Fines, Limes, Meta, Regio, Terminus
지경(地境) 밖에 내치다	Extermino
지경(地境) 표(表)하다	Limito
지경(地境)에 내침	Proscriptio
지극(至極)한	Extremus
지극(至極)히	Maxime, Omnino, Summe
지극(至極)히 낮은	Infimus
지극(至極)히 높은	Praecelsus, Summus, Supremus
지극(至極)히 많은	Permulti
지극(至極)히 악(惡)하게	Pessime
지극(至極)히 원(願)하다	Ardeo
지극(至極)히 적게	Minimum
지극(至極)히 적어도	Saltem
지극(至極)히 적은	Minimus
지극(至極)히 좋게	Apprime
지극(至極)히 좋은	Optimus
지극(至極)히 큰	Maximus, Summus
지근거리다	Provoco
지근거림	Provocatio
지근대다	Molesto
지금(只今)	Nunc
지금(只今) 있는	Praesens
지금(只今)까지	Hactenus
지기	Custos

지나가는	Transitorius
지나가다	Pertranseo, Praetereo, Praetergredior, Procedo, Trajecto, Trajicio, Transeo, Transgredior
지나감	Trajectio, Trajectus
지나는 길에	Obiter
지나는 모양(模樣)으로	Transitorie
지나다	Transeo
지나다니다	Pervado
지나쳐 보내다	Praetermitto
지나치다	Pertranseo
지난	Deciduus
지남	Transitio
지남석(指南石)	Magnes
지내다	Celebro, Transigo
지내어 닿다	Transcurro
지냄	Celebratio, Transactio
지니다	Conservo
지님	Conservatio
지다 [*나르다]	Bajulo, Fero, Gero, Importo, Onero, Porto, Subeo, Supporto, Veho
지다 [*떨어지다]	Occido
지당(地堂)	Paradisus
지덕(知德)	Prudentia
지도(地圖)	Geographia, Mappa
지도리	Cardo
지도리 되는	Cardinalis
지라도	Dum
지렁물	Muria
지레 익은	Praecox, Praematurus
지레장	Vectis
지름길	Semis, Trames

지리(地理)	Geographia
지방(地方)	Locus, Plaga, Regio, Situs
지방(地方)의	Localis
지붕	Culmen, Tectum
지성(至誠)으로	Devote
지성(至誠)한	Devotus
지스러기	Purgamen, Sordes
지시(指示)하다	Indico, Monstro
지식(知識)	Scientia
지식(知識)의	Scientificus
지어냄	Introductio
지옥(地獄)	Gehenna, Inferi, Infernus, Orcus, Tartarus
지완(遲緩)	Mora
지완(遲緩)하다	Retardo
지완(遲緩)한	Tardus
지우다	Deleo, Diluo, Impono, Oblittero, Onero, Subigo, Submitto
지울 만한	Delebilis
지위	Structor
지위(地位)	Conditio, Fortuna, Natales, Status
지음	Perpetratio
지자군(持字軍)	Emissarius
지저귀다	Garrio
지지다	Asso, Torrefacio
지체(遲滯)	Mora
지체(肢體)	Artus, Membra, Natales
지체(肢體) 끊다	Mutilo
지체(肢體) 끊음	Mutilatio
지체(遲滯) 없이	Incunctanter
지체(肢體)마다	Membratim
지체(遲滯)하다	Cunctor, Moror, Retardo, Tardo

지체(遲滯)함	Demoratio, Indutiae, Retardatio
지키는 자(者)	Custos
지키다	Adimpleo, Custodio, Observo, Servo
지킴	Custodia, Observatio
지파(支派)	Tribus
지팡이	Baculus, Virga
지혜(智慧)	Sapientia
지혜(智慧) 없는	Imprudens
지혜(智慧) 없음	Imprudentia
지혜(智慧) 없이	Imprudenter
지혜(智慧) 있는	Sapiens
지혜(智慧)로운	Prudens
지혜(智慧)롭게	Sapienter
지환(指環)	Annulus
지휘(指揮)	Consilium
지휘(指揮)하는 자(者)	Consiliarius
지휘(指揮)하다	Consilior, Indico, Proclamo, Suggero
지휘(指揮)함	Proclamatio, Suggestio
직녀성(織女星)	Aquila
직분(職分)	Functio, Munia, Munus
직업(職業)	Ministerium, Officium
진 [*진흙의]	Limosus
진 [*패한]	Victus
진(津)	Bitumen, Liquor, Pix, Succus
진(陣)	Acies, Castra, Legio
진노(震怒)하다	Succenseo
진력(盡力)한	Enervis
진멸(殄滅)함	Internecio
진본(眞本)	Authenticus
진신	Caliga

진실(眞實)로	Vere, Verum
진실(眞實)한	Authenticus, Genuinus, Sincerus, Verax, Verus
진실(眞實)한 것	Verum
진실(眞實)함	Sinceritas, Veracitas, Veritas
진실(眞實)히	Simpliciter, Veraciter
진실(眞實)히 말하는	Veridicus
진심(眞心)하는	Benevolens
진액(津液)	Humor, Succus
진정(眞情)으로	Serio
진정(鎭靜)함	Lenimentum, Mitigatio
진주(珍珠)	Gemma, Margarita
진(陣)치다	Acies. Instruere aciem.
진펄 구덩이	Volutabrum
진펄의	Paluster
진홍(眞紅)	Coccineus
진흙	Humus, Limus, Lutum
진흙 있는	Lutulentus
진흙의	Limosus, Luteus
질곡(桎梏)	Compedes
질그릇	Fictilis, Testa
질그릇장이	Figulus
질박(質朴)한	Inurbanus
질투(嫉妬)	Aemulatio, Invidia, Zelotypia
질투(嫉妬)하는	Invidiosus, Lividus
질투(嫉妬)하다	Invideo, Obtrecto
질투(嫉妬)함	Livor
짐 [*부담]	Gravamen, Onus
짐 [*사라짐]	Occasus
짐 나르는	Onerarius
짐 내려 놓다	Deonero, Exonero

짐 되는	Onerarius
짐꾼	Bajulus, Vector
짐나르는 기계(器械)	Portatorius
짐승	Animal, Bestia, Pecu
짐작(斟酌)	Conjectura
짐작(斟酌)하다	Conjecto, Reor
짐작(斟酌)함	Suspicio
짐지다	Bajulo
짐진	Onustus
짐짓	Voluntarie
집	Aedes, Aedificium, Casa, Domus, Habitatio, Receptaculum
집 짓다	AEdifico
집게	Forceps, Uncus
집게벌레	Scorpio
집게손가락	Index. Digitus index.
집다	Prehendo, Sumo
집안	Familia
집안 물건(物件)	Supellex
집안 주장(主長)	Paterfamilias
집안사람	Familiaris
집안의	Domesticus
집에 없다	Absum. Absum domo.
집에서 저를 끌어내다	Abigo. Abigam eum ab aedibus.
집음	Prehensio, Sumptio
집의	Domesticus
짓는 자(者)	Auctor, Patrator
짓다	Aedifico, Conficio, Construo, Fabrico, Facio, Instauro, Perfungor, Struo
짓찧다	Obtundo
징	Cymbalum

징그러운	Horrendus, Horrificus, Teter
징그러워하다	Abhorresco, Horreo, Horresco
징그러워할 만한	Horribilis
징그럽게	Horride
징그럽게 하다	Horrifico
징그럽다	Abhorresco
징조(徵兆)	Auspex, Auspicium, Indicium, Omen
징조(徵兆)의	Praesagus
징험(徵驗)하다	Praedico
짖는 자(者)	Latrator
짖다	Latro
짚신	Sandalia
짚의	Stramineus
짜게	Salse
짜내다	Exprimo
짜냄	Expressio
짜다	Annecto, Connecto, Contexo, Consero, Necto
짜지 않게	Insulse
짝	Pars
짝 잃게 하다	Viduo
짝 잃은	Viduatus
짝되는	Par
짠 [*소금친]	Salsus
짠 [*엮은]	Textilis
짠 것	Textura
째다	Lacero
쪼개다	Findo, Infindo
쪼개짐	Scissura
쪽	Pagina
쫓는 자(者)	Sectator

쫓아가다	Insequor
쫓겨난	Extorris
쫓다	Adigo, Compello, Dejicio, Ejicio, Exigo, Expello, Fugo, Pello, Reprobo, Sequor
쫓아가다	Insector, Persequor, Prosequor
쫓아감	Persecutio
쫓아오다	Emano
쫓음	Dejectio
찌꺼기	Faex
찌르게	Mordaciter
찌르는	Mordax
찌르다	Compungo, Confodio, Pungo, Stimulo, Vellico
찌름	Compunctio, Punctio, Rescissio, Stimulatio
찍다	Intingo, Tingo
찔린 곳	Punctum
찟다	Rumpo
찡그림	Contractio
찢다	Dilacero, Distraho, Lacero, Lanio, Perrumpo, Rescindo, Scindo
찢어 죽이다	Dilanio, Excarnifico
찢어 팔다	Divendo
찢어진	Lacer
찢음	Scissio
찧다	Contundo

차

차(車)	Currus, Rheda
차게	Frigide
차게 하다	Frigido
차다	Frigeo
차돌	Silex
차라리	Potius
차라리 원(願)하다	Malo
차례(次例)	Dispositio, Ordo, Series, Vicis
차례(次例) 바꾸다	Interverto
차례(次例) 없는	Inordinatus
차례(次例) 있게	Disposite, Ordinate vel Ordinatim
차례(次例)로 두다	Ordino
차리다	Comparo, Expedio
차부(車夫)	Auriga, Rhedarius
차사(差使)	Caduceator
차서(次序)	Series
차지	Portio
차지 못한	Incompletus
차지하다	Dominor, Occupo, Possideo, Potior, Vindico

차지함	Dominatio, Occupatio, Possessio, Vindiciae
차차(次次)	Gradatim, Paulatim, Sensim
차차(次次)로	Pedetentim
착고(着錮)	Compedes
착명(着名)함	Subscriptio
착심(着心)하다	Applico, Attendo, Incumbo, Intendo
착심(着心)하여	Intente
착심(着心)한	Intentus
착심(着心)함	Attentio
착심(着心)히	Attente
착한	Bonus, Probus, Spectatus
착히	Probe
찬	Frigidus, Gelidus
찬미(讚美)	Laus
찬미(讚美)하는 글	Panegyricus, Praeconium
찬미(讚美)하다	Benedico, Celebro, Confiteor, Laudo, Magnifico, Pango, Plaudo, Superexalto
찰고(擦考)	Examen
찰고(擦考)하다	Examino
참	Nae, Reapse, Veritas
참개구리	Rana
참기름	Unguentum
참나무	Quercus
참다	Sustineo, Tolero
참된	Veracitas, Verus
참란(僭亂)하게 쓰다	Usurpo
참란(僭亂)하게 씀	Usurpatio
참람(僭濫)하다	Blasphemo
참람(僭濫)한	Blasphemus
참람(僭濫)함	Blasphemia
참말로	Veridice

참벌	Apis
참벌 떼	Examen. Examen apum.
참새	Passer
참섭(參涉)하다	Cooperor
참수(斬首)하다	Decollo, Obtrunco
참아 받다	Suffero
참여(參與)하는	Consors
참여(參與)하다	Intersum
참여(參與)함	Consortium
참예(參預)하는	Particeps
참예(參預)하다	Assisto, Participo
참예(參預)함	Participatio
참으로	Reipsa, Revera, Vere
참으로 있는	Realis
참으로 있는 것	Verum
참을성	Tolerantia
참지 못하는	Impatiens
참지 못하여	Impatienter
참지 못함	Impatientia
참함	Bonitas
참혹(慘酷)하게 하다	Desolo
참혹(慘酷)한	Luctuosus
참혹(慘酷)함	Desolatio, Luctus
창(唱)	Cantus
창(槍)	Lancea, Telum
창(窓)	Fenestra, Fores
창(槍) 자루	Hasta
창건(創建)함	Constitutio
창녀(娼女) 사귀다	Scortor
창립(創立)하다	Constituo

창물(搶物)	Exuviae
창수(漲水)	Eluvies, Illuvies
창업(創業)한 자(者)	Institutor
창(氅)옷	Chlamys
창일(漲溢)	Inundatio
창일(漲溢)하다	Exundo, Inundo
창자	Alvus, Intestinum, Praecordia, Viscera
창자 내다	Exentero
창졸(倉卒)히	Repente
창칼	Cultellus
창탈(搶奪)하는 자(者)	Praedator
창탈(搶奪)하다	Diripio, Praedor
창탈(搶奪)함	Praedatio
창(唱)하는 자(者)	Cantator
창(唱)하다	Canto
찾다	Conquiro, Inquiro, Investigo, Quaero
찾아	Exquisite
찾아 얻다	Comperio, Invenio, Reperio
찾아 주다	Adjudico
찾아보다	Reviso, Visito, Viso
찾음	Inquisitio, Investigatio, Perquisitio, Requisitio
채	Vimen
채그릇	Sporta
채그릇 장사	Victor
채널	Prelum, Torcular
채로 만든	Vimineus
채로 엮다	Vieo
채색(彩色) 꾸밈	Pictura
채색(彩色)옷	Polymitus
채색(彩色)의	Versicolor

채색(彩色)하다	Coloro, Pingo
채색(彩色)한	Multicolor
채우다	Adimpleo, Compleo, Consummo, Facesso, Fungor, Impleo, Obeo, Perfungor, Repleo, Satio, Saturo
채우지 못할	Insatiabilis
채우지 아니한	Inexpletus
채운	Plenus
채울 만한	Satiabilis
채움	Complementum, Consummatio, Plenitudo, Satietas, Saturatio
채워 듣다	Subaudio
채질하다	Flagello
채질함	Flagellatio
채찍	Flagellum
책(冊)	Charta, Codex, Liber
책(冊) 보는 이	Lector
책(冊) 보다	Lego
책(冊) 봄	Lectio
책(冊) 자주 보다	Lectito
책(冊) 짓는 자(者)	Scriptor
책도(冊刀)	Culter
책력(冊曆)	Calendarium
책망(責望)	Castigatio, Censura
책망(責望)하는 말	Vituperatio
책망(責望)하다	Objecto, Taxo, Vitupero
책망(責望)할 만한	Vituperabilis
책망(責望)함	Correctio, Objurgatio, Reprehensio, Vituperatio
책명(冊名)	Chirographus
책방(冊房)	Secretarius
책벌(責罰)하다	Castigo
책상(冊床)	Pulpitum

책장(冊張)	Pagina
책(冊)장사	Librarius
책정(策定)하다	Designo
처(妻)	Uxor
처가(妻家)	Affinis
처녀(處女)	Puella
처량(凄凉)함	Desolatio
처럼	Instar
처음	Primordium, Principium
처음부터	A. A Principio.
처음에 가르치는 것	Rudimentum
처음으로	A. A primo.
처음으로 배우는 자(者)	Tiro
천(千)	Mille
천(千) 번(番)	Millies
천(千) 번(番)째의	Millesimus
천거(薦擧)	Suffragium
천거(薦擧)하다	Commendo, Promoveo, Suffragor
천국(天國)의	Coelestis
천기(天氣)	Temperies
천답(踐踏)하다	Calco, Conculco
천당(天堂)	Paradisus
천둥	Tonitru
천둥하게 하다	Intono
천둥하다	Intono, Tono
천명(天命)	Fatum
천신(天神)	Angelus
천신제팔품(天神第八品)	Archangelus, Cherubim
천(千)씩	Milleni
천(天)에 성(聲)하다	Buccino

천인(賤人)	Homuncio
천주(天主)	Deus, Numen
천주(天主)를 욕(辱)하다	Blasphemo
천주(天主)를 욕(辱)함	Blasphemia
천주(天主)를 참람(僭濫)한	Blasphemus
천주(天主)의	Divinus
천주성(天主性)	Deitas, Divinitas
천주성삼(天主聖三)	Trinitas. SS. Trinitas.
천주학문(天主學文)	Theologia
천주학문(天主學文) 아는 자(者)	Theologus
천천히	Lente, Pedetentim
천총(千總)	Tribunus. Tribunus militum.
천하(天下)	Orbis
천(賤)하게	Serviliter
천(賤)하게 되다	Vilesco
천(賤)한	Ignobilis, Illiberalis, Servilis, Vilis
천(賤)함	Vilitas
천(賤)히	Demisse, Humiliter
천(賤)히 여기다	Vilipendo
철모르는	Insensatus
철사(鐵絲)	Catena
첨례(瞻禮)	Festivitas, Festum, Natalis, Solemnitas
첨례(瞻禮)의	Festus
첨례칠(瞻禮七)	Sabbatum
첨례칠(瞻禮七)에 파공(罷工)하다	Sabbatizo
첨례표(瞻禮表)	Calendarium
첨욕(忝辱)	Dedecus
첩(妾)	Concubina
첫	Primoris
첫 것	Primitiae

첫 사람	Protoplastus
첫 새벽에	Mane. Summo mane.
첫날에	Propediem
첫째	Potissimus, Praecipuus, Primus, Prior
첫째에	Imprimis, Praecipue, Praesertim, Primum
청명(聽命)하다	Audio, Ausculto
청명(淸明)한	Serenitas, Serenus
청주(淸酒)	Merum
청(廳)지기	Cubicularius
청(請)컨대	Quaeso
청(請)하다	Deposco, Invito, Rogo
청(請)함	Convocatio, Invitatio
체	Cribrum
체(體)	Substantia
체격(體格)	Modus
체관(體官)	Tactus
체면(體面)	Fastus, Luxus, Pompa, Respectus
체모(體貌)	Comitas, Decorum
체모(體貌) 없는	Asper
체모(體貌) 있는	Comis
체읍(涕泣)하다	Illacrymo
체증(滯症)	Indigestio
체질하다	Cribro
체(滯)한	Indigestus
체(滯)함	Indigestio
쳐다보다	Prospecto, Prospicio
쳐서 이기다	Expugno
처진 것	Faex
초(醋)	Acetum
초(初)하루	Calendae

초롱(籠)	Laterna
초막(草幕)	Casa, Tugurium
초목(草木)	Planta
초사(招辭) 받음	Inquisitio
초상예절(初喪禮節)	Exequiae, Justa
초성(超性)으로	Supernaturaliter
초성(超性)한	Supernaturalis
초성리학(超性理學)	Theologia
초성리학(超性理學)의	Theologicus
초월(超越)한	Sublimis
초월(超越)함	Sublimitas
초월(超越)히	Sublime
초학(初學)	Tirocinium
초학군(初學君)	Tiro
촉노(觸怒)하다	Irrito
촌(村)	Pagus, Rus, Viculus, Vicus
촌(村) 풍속(風俗)	Rusticitas
촌(村)사람	Paganus
촌(村)스럽게	Rustice
촌(村)에 사는	Rusticus
촌(村)에 살다	Rusticor
촌(村)의	Ruralis, Rusticus
촌충(寸虫)	Taenia
촛대	Candelabrum
촛불	Lucerna, Lumen
총관(摠管)	Consul
총망(悤忙)한	Negotiosus
총명(聰明)	Ingenium, Intellectus, Intelligentia, Sagacitas
총명(聰明)하게	Ingeniose
총명(聰明)한	Ingeniosus

총왕(總王)	Dictator
총총(恖恖)함	Inquies
추(錘)	Classis, Pendulus, Pondus
추렴	Collatio, Contributio
추론(推論)하다	Colligo, Ratiocinor, Tracto
추론(推論)함	Tractatio
추루(醜陋)케 하다	Turpo
추루(醜陋)하게	Flagitiose
추루(醜陋)한	Indecorus, Turpis
추루(醜陋)함	Turpitudo
추루(醜陋)히	Indecore, Turpiter
추색(醜色)	Deformitas
추수(秋收)	Messis
추수(秋收)하는 이(者)	Messor
추수(秋收)하다	Meto
추악(醜惡)히	Flagitiose
추운	Frigidus
추워지다	Frigesco
추위	Frigus
추자(楸子)	Nux
추(醜)한	Asper
추(醜)함	Asperitas
축마경(逐魔經)	Exorcismus
축마예절(逐魔禮節)	Exorcismus
축마예절(逐魔禮節)을 행(行)하다	Exorcizo
축성(祝聖)하다	Consecro, Dedico, Sacro, Ungo
축성(祝聖)한	Sacer, Sacrosanctus
축성(祝聖)함	Consecratio, Dedicatio
축이다	Humecto, Humefacio, Imbibo
축축한	Aquosus, Humectus, Humidus

축축함	Humiditas
축축히	Humide
춘(春)	Ver
춘추(春秋)	AEtas
출등(出等)한	Egregius, Spectatus
출중(出衆)하게	Egregie
출중(出衆)한	Eximius
출중(出衆)히	Eximie
춤	Saliva
춤추는 자(者)	Saltator
춤추다	Salto
춤춤	Saltatio
춥게	Frigide
춥기	Frigus
춥다	Frigeo
충동(衝動)하다	Concito, Excito, Incito, Instigo
충동(衝動)한	Percitus
충만(充滿)하게 하다	Compleo
충성(忠誠)으로	Fideliter
충수(充數)함	Supplementum
충신(忠信)으로	Fideliter
충신(忠信)한	Fidelis
충신(忠信)함	Fidelitas
취결례(取潔禮)	Purificatio
취락(取樂)함	Sensualitas
취중(醉中)	Ebrietas
취증(醉症)	Temulentia, Vinolentia
취(醉)하게 하다	Inebrio
취(取)하다	Assumo, Detineo
취(醉)한	Ebrius

취(取)함	Detentio
측량(測量)하는 자(者)	Mensor
측량(測量)함	Dimensio
층(層)	Contignatio, Gradatio, Gradus, Ordo
층연(層連)	Contignatio
층층(層層)이	Gradatim
치는 자(者)	Percussor
치다	Aggredior, Appeto, Caedo, Cudo, Erado, Ferio, Ico, Impingo, Incutio, Percello, Percutio, Plango
치명(致命)	Martyrium
치명자(致命者)	Martyr
치복(致福)하다	Beatifico
치부(致富)시키다	Opulento
치부(致富)하다	Ditesco
치부(置簿)하다	Ascribo, Inscribo
치부책(置簿冊)	Codex, Rationarium
치아(齒牙)	Dens
치우다	Tollo
치운	Sublatus
치움	Sublatio
치죄(治罪)하는 자(者)	Vindex
치죄(治罪)하다	Damno
친구(親舊)	Amicus
친구(親口)	Osculum
친구(親舊)의	Amicus
친구(親口)하다	Osculor
친근(親近)하게	Intime
친근(親近)한	Proximus
친압(親狎)하게	Familiariter
친압(親狎)한	Familiaris
친압(親狎)함	Familiaritas

친애(親愛)하다	Adamo, Amo
친척(親戚)	Agnatus, Cognatio, Cognatus, Consanguineus, Parentela
친(親)하게	Chare
친(親)한	Charus, Dilectus, Familiaris
친(親)함	Affinitas, Familiaritas
친(親)히	Ipse, Personaliter
칠(漆)	Bitumen
칠(漆)하는 것	Pigmentum
칠배(七倍)	Septingenti, Septuplum
칠백(七百) 번(番)	Septingenties
칠백(七百)째	Septingentesimus
칠색(漆色)	Pigmentum
칠일(七日)	Hebdomada
칠정(七情)	Affectus, Passio
침 [*타격]	Aggressio, Ictus, Percussio
침 [*점액]	Sputum
침(鍼)	Acus, Scalpellum
침 뱉다	Conspuo, Spuo, Sputo
침노(侵擄)하다	Invado, Lacesso, Molesto
침묵(沈默)한	Tacitus
침묵(沈默)함	Taciturnitas
침범(侵犯)함	Incursio
침상(寢床)	Cubile, Lectus
침실(寢室)	Cubiculum, Cubile
침중(沈重)하여지다	Ingravesco
침척(針尺)	Cubitus
침침(沈沈)한	Opacus, Subobscurus
칭송(稱頌)하다	Glorifico
칭찬(稱讚)할 만하게	Laudabiliter
칭찬(稱讚)할 만한	Plausibilis

| 칭호(稱號) | Titulus |
| 칭호(稱號)의 | Titularis |

카

칼	Culter, Ensis, Mucro, Rhomphaea
칼 갈다	Acuo
칼 차는 띠	Balteus
칼 차다	Accommodo. Accommodare ensem lateri.
칼날	Acies, Mucro
칼집	Vagina
캄캄한	Ater, Atratus, Tenebrosus, Teter
캄캄함	Tetricitas
캐다	Eradico
커감	Incrementum
커지다	Grandesco, Inolesco
켜다	Findo
코	Nasus, Odoratus, Olfactus
코 골다	Sterto
코 풀다	Mungo
코 풂	Munctio
코끼리	Elephantus
코로 웃다	Cachinno
코풀다	Emungo

코풂	Emunctio
콧구멍	Nares
콧물	Mucus
콩	Legumen
쾌락(快樂)	Deliciae, Voluptas
쾌상(箱)	Scrinium
쾌심(快心)하게	Arroganter
쾌심(快心)한	Arrogans
쾌심(快心)함	Arrogantia
쾌차(快差)하여지다	Revalesco
크게	Granditer, Magne, Solemniter
크게 그르침	Enormitas
크게 놀라게 하다	Perterrefacio
크게 물리치는	Populabundus
크게 소리나다	Persono
크게 소리지르다	Proclamo
크게 소리하다	Clamo, Persono
크게 움직이다	Permoveo
크게 웃다	Cachinno
크게 힘써	Magnopere
크기	Granditas, Magnitudo
크다	Cresco
큰	Amplus, Grandis, Immanis, Ingens, Magnus
큰 권세(權勢) 있는	Praepotens
큰 낫	Falx
큰 당(堂)	Basilica
큰 덩이	Moles
큰 례(禮)로	Solemniter
큰 뭉텅이	Moles
큰 바다	Oceanus

큰 뱀	Basiliscus
큰 부자(富者)	Praedives
큰 소리	Clamor
큰 소리로 대답(對答)하다	Succlamo
큰 아픔	Acer. Acer dolor.
큰 원수(怨讐)	Perduellis
큰 장(場)	Emporium
큰 저자	Emporium
큰 짐승 떼	Armentum
큰 형벌(刑罰)	Acer. Acre supplicium.
큰 환난(患難)	Pressura
큰마음	Magnanimitas
큰물	Diluvium
큰비	Imber, Nimbus
큰옷	Toga
큰집	Palatium
큰형(兄)	Natu. Natu maximus.
큼	Magnitudo
키 [*높이]	Statura
키 [*바람개비]	Vannus, Ventilabrum
키 [*조타장치]	Gubernaculum
키 큰 사람	Gigas
키따리	Gubernaculum, Puppis
키따리 손잡이	Temo
키질하다	Ventilo
키키 웃다	Cachinno

타

타국(他國) 사람	Alienigena, Alienus
타국(他國)에	Peregre
타다 [*불타다]	Ardeo
타다 [*섞다]	Diluo, Immisceo, Misceo, Permisceo
타당(妥當)이	Tute
타당(妥當)한	Tutus
타당(妥當)한 곳	Protus
타락(駝酪)	Lac
타락(駝酪) 든 음식	Lacticinium
타락(駝酪)떡	Caseus
타방(他邦)의	Extraneus
타지방(他地方) 사람	Advena, Peregrinus
탁덕(鐸德)	Presbyter, Sacerdos
탁덕(鐸德)의	Sacerdotalis
탁덕품(鐸德品)	Presbyteratus
탄	Torridus
탄생(誕生)	Nativitas
탄식(嘆息)	Gemitus
탄식(嘆息)하다	Gemo, Ingemisco, Ingemo

탄자(彈子)	Globus
탄탄한	Tutus
탄탄히	Tute
탈	Defectus
탈진(脫盡)하다	Exinanio
탈취(奪取)하다	Rapto, Supplanto, Usurpo
탈취(奪取)함	Invasio, Supplantatio
탐	Ardor, Torror
탐(貪) 고이	Ambitiose
탐(貪)내다	Concupisco
탐도(貪饕)	Gula
탐도(貪饕)하는 자(者)	Heluo
탐도(貪饕)하다	Heluor
탐도(貪饕)히	Gulose
탐도(貪饕)히 삼키는	Vorax
탐도(貪饕)히 삼키는 모양(模樣)으로	Voraciter
탐도(貪饕)히 삼키는 자(者)	Vorator
탐도(貪饕)히 삼키다	Voro
탐도(貪饕)히 삼킴	Voracitas
탐락(耽樂)하는	Libidinosus
탐람(貪婪)하게	Ambitiose
탐색(貪色)하는	Libidinosus, Luxuriosus
탐색(貪色)하다	Luxurior
탐색(貪色)하여	Libidinose, Luxuriose
탐색(貪色)함	Luxuria
탐식(貪食)하는	Gulosus
탐식(貪食)하는 이	Gulo
탐심(貪心)	Aviditas, Cupiditas
탐심(貪心) 있게	Cupide
탐심(貪心)으로	Avide

탐위(貪位)함	Ambitio
탐지(探知)하는 이	Emissarius
탐지(探知)하는 자(者)	Explorator
탐지(探知)하다	Exploro
탐(貪)하는	Avidus, Cupidus
탐(貪)하다	Affecto, Ambio, Concupio, Cupio
탐(貪)하여	Avide
탐(貪)함	Affectatio, Aviditas
탐(貪)히	Avide
탑(塔)	Turris
탓	Culpa
탓함	Questus
탕(湯)	Jus
태(胎)	Fetus vel Foetus, Uterus
태도(態度)	Habitudo, Habitus
태(胎)로 낳는	Viviparus
태문(胎門)	Vulva
태반(殆半)의	Plerique
태양(太陽)	Sol
태양(太陽)의	Solaris
태우다	Comburo, Exuro, Uro, Ustulo
태움	Combustio
태중(胎中)	Graviditas
택정(擇定)함	Destinatio
터	Basis, Fundus, Habitus, Positio, Situs
터 쌓다	Fundo
터지게 하다	Dirumpo *vel* Disrumpo
터지는 소리	Fragor
터지다	Hisco, Perrumpo
터짐	Diruptio, Fissura

턱	Mentum
털	Crinis, Pilus
털 많은	Pilosus, Villosus
털 일어선	Hirsutus
털나다	Pubesco
털난	Pubes
털다	Detergeo, Tergo
토	Terminatio
토끼	Lepus
토론(討論)하다	Discurro
토박(土薄)한	Sterilis
토박(土薄)한 데	Salebra
토상(土像)	Statua
토성(土城)	Arx
토역(土役)장이	Caementarius
토옥(土沃)한	Ferax
토(吐)하다	Eructo, Vomo
토(吐)함	Vomitio
톱	Serra
톱밥	Scobs *vel* Scobis
톱으로 켜다	Serro
통(桶)	Dolium, Metreta, Pyxis, Theca, Tubus
통(桶) 장사	Victor
통고(痛苦)	Compassio
통고(痛苦)하다	Compatior
통고(痛苦)한	Dolorosus
통곡(痛哭)	Planctus, Threni
통곡(痛哭)하는 소리	Plangor
통곡(痛哭)하다	Ejulo, Lamentor, Plango
통곡(痛哭)함	Lamentatio

통공(通功)	Communio
통달(通達)하다	Calleo
통달(通達)한	Subtilis
통달(通達)함	Penetratio, Subtilitas
통달(通達)히	Subtiliter
통사(通事)	Interpres
통소(洞簫)	Calamus, Tibia
통소(洞簫)장이	Tibicen
통(通)치 못할	Impervius, Invius
통(通)하다	Impertior
통(通)하여 비추는	Translucidus
통회(痛悔)	Compunctio, Contritio
통회(痛悔) 아니하는	Impoenitens
퇴락(頹落)하다	Ruo
퇴락(頹落)한	Ruinosus
투구	Cassis, Galea
투기(妬忌)스럽게	Invidiose
투기(妬忌)하는	Invidus
투도(偸盜)	Furtum
투도(偸盜)하다	Furor
투서(套署)	Sigillum, Signaculum
투철(透徹)히	Penitus
퉁소	Fistula
튀다	Crepito, Crepo
트림하게 하다	Ructo
트인	Pervius
특별(特別)한	Peculiaris, Specialis
특별(特別)함	Specialitas
특별(特別)히	Specialiter
특은(特恩)	Privilegium

틀	Norma, Prelum, Torcular
틀다	Contorqueo, Extorqueo, Intorqueo, Torqueo
틀어냄	Convulsio
틈	Fissura, Rima, Scissio
틈 없는	Continuus
티	Festuca
티끌	Pulvis, Scopae
티끌의	Pulvereus
팃검불	Festuca

파

파	Caepe
파(派)	Tribus
파공(罷工)	Requies
파공일(罷工日)	Feria
파공(罷工)함	Vacatio
파내다	Effodio
파는 사람	Venditor
파다	Cavo, Confodio, Excavo, Fodio, Perfodio, Terebro
파리	Musca
파리하게 하다	Macero
파리하다	Maceo, Tabeo
파리한	Macer, Macilentus
파리함	Gracilitas, Macies
파멸(破滅)하는 자(者)	Vastator
파멸(破滅)하다	Restinguo
파선(破船)하다	Naufrago
파선(破船)한	Naufragus
파선(破船)함	Naufragium
파의(罷意)하다	Desisto

파임	Excavatio
파직(罷職)함	Destitutio
파총(把總)	Centurio
파(破)하다	Expugno
파(破)할 수 없는	Inconcussus, Inexpugnabilis
판(板)	Tabella, Tabula
판결(判決)하다	Discepto, Dirimo
판관(判官)	Judex
판단(判斷)하다	Judico
판단(判斷)함	Definitio
판죄(判罪)하다	Damno
팔	Brachium, Ulna
팔 만한	Vendibilis
팔 병신(病身)	Mancus
팔꿈치	Cubitum
팔다	Alieno, Vendo, Venumdo
팔뚝	Brachium, Lacertus
팔리다	Vaeneo vel Veneo
팔릴	Venalis
팔림	Venalitas
팔백(八百)	Octingenti
팔백(八百) 번(番)	Octingenties
팔백(八百)째	Octingentesimus
팔십 먹은	Octogenarius
팔십(八十)	Octoginta
팔음금(八音琴)	Organum
팔짓	Gestus
팖	Alienatio, Venditio
팥	Lens
패다	Infindo, Findo

패망(敗亡)	Clades, Excidium, Labes, Ruina
패망(敗亡)케 하다	Devasto, Pessumdo, Profligo
패망(敗亡)하다	Desolo
패망(敗亡)함	Strages, Vastatio
패멸(敗滅)	Clades
패물(佩物)	Numisma
패심(悖心)한	Perversus
패역(悖逆)하게	Impie
패역(悖逆)한	Impius
패역(悖逆)함	Impietas
패(敗)한	Victus
패(敗)함	Populatio
펄펄 뜀	Palpitatio
펴다	Evolvo, Expando, Explico, Extendo, Intendo, Pando, Porrigo, Revolvo, Sterno
편(片)	Pars
편(篇)	Capitulum, Paragraphus, Tomus
편당(偏黨)	Factio, Secta
편벽(偏僻)된	Pronus
편벽(偏僻)됨	Inclinatio
편안(便安)함	Quies
편(便)에	Penes
편정(偏情)	Passio
편지(便紙)	Commentarium, Epistola, Litterae
편(便)찮게	Incommode
편(便)찮은	Incommodus
편(便)찮은 것	Incommodum
편(便)찮음	Incommoditas
편(便)치 못하게 하다	Inquieto
편태(鞭笞)	Flagellum
편태(鞭笞) 주다	Flagello

편태(鞭笞)함	Flagellatio
편(便)한	Commodus
편(便)함	Commodum
폄	Explicatio, Extensio, Porrectio
폄론(貶論)하다	Damno
평균(平均)한	AEqualis
평균(平均)함	AEqualitas
평상(平床)	Cubile, Lectus, Thalamus, Torus
평상(平常)한	Communis, Habitualis, Ordinarius, Vulgaris
평상(平常)함	Habitudo
평성(平聲)	Accentus
평안(平安)	Placide
평안(平安)케 하다	Sospito
평안(平安)하게 하다	Paco
평안(平安)하시오	Salve!
평안(平安)한	Sospes
평안(平安)함	Pax
평안(平安)히	Sedate
평전(平田)	Pratum
평지(平地)	Planities, Planum
평탄(平坦)한	Securus
평탄(平坦)함	Securitas
평탄(平坦)히	Secure
평평(平平)케 하다	Levigo *vel* Laevigo
평평(平平)하게 하다	Complano
평평(平平)한	Planus
평평(平平)한 곳	Planum
평평(平平)히	Plane
평화(平和)로운	Pacificus
평화(平和)케	Pacifice

평화(平和)케 하는	Pacificus
평화(平和)케 하는 자(者)	Pacificator
평화(平和)케 하다	Pacifico
평화(平和)케 함	Pacificatio
폐경(肺經)	Pulmo
폐(蔽)다	Consterno
폐단(弊端)되는	Incommodus
폐(弊)롭게 하다	Incommodo
폐(廢)하다	Aboleo, Abrogo, Derogo
폐(廢)하여 버리다	Aboleo
폐(廢)하여 버림	Abolitio
폐(廢)하여지다	Obsolesco
폐(廢)함	Abolitio, Abrogatio, Derogatio
포교(捕校)	Satelles
포구(浦口)	Protus
포대기	Cunabula, Cunae
포도(葡萄)	Vinacea
포도(葡萄) 가지	Palmes, Sarmentum
포도(葡萄) 가지 내는	Palmifer
포도(葡萄) 거두다	Vindemio
포도(葡萄) 거둠	Vindemia
포도(葡萄) 넝쿨	Vitis
포도(葡萄) 농사(農事)하는 자(者)	Viticola
포도(葡萄) 다스리는 자(者)	Vinitor
포도(葡萄) 먹다	Vindemio
포도(葡萄) 수풀	Vinetum
포도(葡萄)밭	Vinea
포도(葡萄)열매	Uva
포도(葡萄)의	Vitigenus
포목(布木)	Pannus

포목(布木) 씻는 자(者)	Fullo
포악(暴惡)	Crudelitas
포악(暴惡)한	Acerbus, Atrox, Barbarus, Crudelis, Durus, Ferox, Ferus, Immanis, Vesanus
포악(暴惡)함	Barbaria, Vesania
포악(暴惡)히	Atrociter, Barbare, Crudeliter, Dure, Immaniter
포졸(捕卒)	Satelles
포학(暴虐)	Immanitas
포학(暴虐)한 임금	Tyrannus
포학(暴虐)함	Tyrannis
포함(包含)하다	Contineo
표(標)	Insignia, Monumentum, Nota, Vexillum
표(票)	Tessera
표(表)	Documentum, Index, Symbolum
표(標) 놓음	Subsignatio
표(標) 두다	Consigno, Signo
표(標) 둠	Signatio
표(標)나게	Notabiliter, Signanter
표(標)나다	Notesco
표독(慓毒)한	Truculentus
표독(慓毒)함	Ferocitas
표독(慓毒)히	Ferociter
표랑(漂浪)하다	Fluctuo
표석(標石)	Meta
표양(表樣)	Exemplar, Exemplum, Typus
표양(表樣) 물리치다	Scandalizo
표지(表紙)	Charta
표(標)하다	Noto
푸다	Haurio
푸르러지다	Verno, Vireo, Viresco
푸른	Caeruleus, Viridis

푸른 빛	Viror
푸름	Viriditas
푸릇푸릇하다	Vireo
푸솜	Bombycinus
푼	As
풀 [*아교]	Gluten, Viscum
풀 [*草]	Herba
풀 만한	Dissolubilis
풀 바르다	Glutino, Visco
풀 싹	Gemma
풀다	Absolvo, Commetior, Dissolvo, Expedio, Explico, Interpretor, Resolvo, Solvo
풀로 붙이다	Glutino
풀먹이다	Pabulor
풀밭	Pratum
풀어낼 수 없는	Inexplicabilis
풀어지다	Tabesco
풀어지지 못할	Indissolubilis
풀어진	Remissus, Tabidus
풀어질 만한	Resolubilis, Solubilis
풀어짐	Tabum
풀이름	Hyssopus
풀지 못할	Insolubilis
풀칠하다	Conglutino
풂	Dissolutio, Expeditio, Explicatio, Interpretatio, Resolutio, Solutio
품 [*가슴]	Gremium, Sinus
품 [*品]	Classis, Ordo, Qualitas
품 사다	Conduco
품 파는	Operarius
품 파는 여인(女人)	Operaria

품군	Operarius
품다	Amplector, Amplexor, Complector, Foveo, Refocillo, Refoveo
품삯	Conductio
품에 칼을 감추다	Abdo. Gladium sinu abdere.
품위(品位)	Dignitas
품음	Complexio
풍금(風琴)	Organum
풍류(風流)	Musica
풍류(風流)하는 이	Musicus
풍류기계(風流器械)	Lyra, Sambuca
풍류조격(風流調格)	Harmonia
풍문(風聞)	Rumor
풍병(風病)	Vesania
풍성(豊盛)	Copiose
풍성(豊盛)치 못함	Infecunditas, Sterilitas
풍성(豊盛)치 아니하게	Infecunde
풍성(豊盛)치 아니한	Infecundus
풍성(豊盛)케 하다	Fecundo
풍성(豊盛)하다	Abundo, Affluo, Redundo, Suppeto
풍성(豊盛)한	Copiosus, Fecundus, Ferax, Fertilis, Lautus, Opimus, Opiparus, Uber
풍성(豊盛)함	Abundantia, Affluentia, Copia, Fecunditas, Fertilitas, Uber, Ubertas
풍성(豊盛)히	Abundanter, Affluenter, Fecunde, Fertiliter, Munifice, Opime, Opipare, Opulenter, Profuse, Redundanter, Ubertim
풍속(風俗)	Consuetudo, Mos, Ritus
풍속(風俗) 물리치는 자(者)	Pullarius
풍속(風俗)대로	Usitate
풍속(風俗)되다	Soleo
풍속(風俗)의	Moralis, Ritualis

풍악(風樂)	Musica
풍우(風雨)	Procella, Tempestas
풍우(風雨)의	Procellosus
풍파(風波)	Procella, Tempestas
풍후(豊厚)하게	Laute
풍후(豊厚)하다	Undo
피	Cruor, Sanguis
피 맺힘	Contusio
피 묻은	Cruentus, Sanguinolentus
피 묻음	Sanguinolentia
피 묻히다	Cruento
피 없어진	Exsanguis
피 칠하다	Cruento
피 칠한	Cruentus
피 흐르는	Sanguinolentus
피 흐르지 않는	Incruentus
피 흘림	Sanguinolentia
피곤(疲困)	Languor
피곤(疲困)하게	Languide
피곤(疲困)한	Languidus
피곤(疲困)해지다	Depereo, Langueo
피난처(避難處)	Asylum, Receptaculum, Receptus, Refugium
피마(馬)	Equa
피의	Sanguineus
피정(避靜)	Secessus
피(避)하다	Abhorreo, Abripio. Abripere se., Aversor, Caveo, Confugio, Declino, Eludo, Fugio, Refugio, Vito
피(避)하지 못할	Indeclinabilis, Ineluctabilis
피할 만한	Vitabilis
피(避)함	Fuga
필역(畢役)하다	Finio

필집(筆執)	Scriba
핍박(逼迫)하는	Violentus
핍박(逼迫)하다	Astringo, Insto, Rrgeo, Ucogo
핍박(逼迫)하여 변(變)하게 하다	Redigo
핍박(逼迫)함	Coactio, Instantia
핍박(逼迫)히	Instanter
핍절(乏絶)하다	Deficio
핏대	Vena
핑계	Praetextus, Tegumen
핑계하다	Excuso, Praetexo, Tergiversor
핑계할 만한	Excusabilis
핑계할 수 없는	Inexcusabilis
핑계함	Excusatio, Tergiversatio

하

하고	Ac
하고 싶다	Desidero
하고자 하다	Volo
하나	Primo, Unitas, Unus
하나 없는 스물	Undeviginti
하나도 아니	Nullus
하는 데	Ubi
하늘	Coelum, Firmamentum
하늘 기운(氣運)	Aer
하늘 모든 신성(神性)	Coelites
하늘로서	Coelitus
하늘의	Coelestis
하님	Pedisequa
하다	Ago, Facio, Patro, Perpetro, Infero, Sum
하등통회(下等痛悔)	Attritio
하란(荷蘭)콩	Vicia
하마터면	Pene
하수(河水)	Flumen
하여금	Per, Ut

하인(下人)	Sevus
하자(瑕疵)	Erratum
하자(瑕疵) 없는	Incoinquinatus, Intemeratus
하절(夏節)	AEstas
하절(夏節)의	Aestivus
하직(下直)하는 말	Vale
하직(下直)하다	Valedico
하품	Hiatus
하품하다	Hiasco, Hio, Inhio, Oscitor
하품함	Oscitatio
학교(學校)	Schola
학교(學校)의	Scholaris
학당(學堂)	Collegium, Seminarium
학당(學堂) 선생(先生)	Ludimagister, Paedagogus
학동(學童)	Alumnus
학동(學童) 모이는 곳	Collegium
학사(學士)	Alumnus
학소(學所)	Schola
학소(學所)의	Scholaris
학습(學習)하다	Assuefacio
학자(學者)	Philosophus
학정(虐政)	Tyrannis
학질(瘧疾)	Febris
학질(瘧疾) 앓다	Febricito
한	Unicus
한 가지로 찬미(讚美)하다	Collaudo
한 감사(監司) 맡은 지방(地方)	Provincia
한 고을 지경(地境)	Territorium
한 눈 가진 자(者)	Luscus
한 눈 굿은 자(者)	Cocles

한 눈먼 사람	Cocles
한 데 모임	Congressus
한 데 쌓다	Confero
한 돈	Denarium
한 동안	Periodus
한 마디 말	Vocabulum
한 마음의	Unanimis
한 먹음	Buccea
한 멍에에 끼우다	Conjugo
한 모양(模樣)	Conformis, Item
한 모양(模樣)으로	Qualiter
한 번(番) 던짐	Jactus
한 뿔 가진	Unicornis
한 사람도 아니	Nemo
한 숟가락	Buccea
한 어음(語音)	Syllaba
한 입거리	Buccea
한 점	Buccea
한 주교(主敎) 다스리는 지방(地方)	Dioecesis
한 주일(主日) 동안	Hebdomada
한 혈육(血肉)	Necessitudo
한가(閑暇)하게	Otiose
한가(閑暇)하다	Desideo, Otior
한가(閑暇)한	Desidiosus, Otiosus
한가(閑暇)함	Otiositas, Otium
한가(閑暇)히	Desidiose
한가지	Communiter
한가지로	Cum, Simul, Una
한가지로 꾀하다	Conspiro
한가지로 되는	Simultaneus

한가지로 불다	Conflo
한가지로 있다	Consto, Convivor
한가지로 통고(痛苦)하다	Condoleo
한가지의	Idem
한갓	Dummodo, Modo, Unice
한결같지 아니한	Inconsequens
한담(閑談)	Fabula
한데	Ad, Dium, Subdiu
한데 매다	Annecto
한데 모으다	Coaduno
한데 앉다	Assideo
한데 합(合)하다	Unio
한데 합(合)함	Unio
한도(捍刀)	Ensis
한때	Coaetaneus, Coaevus
한량(限量)	Uncia
한량(限量)없음	Immensitas
한몫 나누다	Participo
한몫 받는	Particeps
한미(寒微)한	Ignobilis, Inglorius
한민(閑民)	Ingenuus
한번(番)	Semel
한숨	Suspirium
한숨 쉬다	Gemo, Ingemisco, Ingemo, Suspiro
한숨 쉼	Gemitus, Suspiratio
한시(時) 반(半)	Sesquihora
한정(限定)하다	Limito
한정(限定)할 수 없는	Indefinitus
한정(限定)함	Limitatio
한집 종	Conservus

한탄(恨歎)하다	Queror
한테	Ad, Apud
한편(便)으로	Partim
한(恨)하다	Abhorreo, Detestor, Exsecror, Odi
한(恨)할 만하게	Odiose
한(恨)할 만한	Detestabilis, Exsecrabilis, Odibilis
한(恨)함	Detestatio
할 때에	Ubi
할 수 없는	Impossibilis
할 수 없다	Nequeo
할 수 없음	Impossibilitas
할미	Anus
할손례(割損禮)	Circumcisio
핥다	Lambo, Lingo
함께	Conjuncte vel Conjunctim, Simul, Simultanee
함께 감	Coitio
함께 기리다	Collaudo
함께 놀다	Conversor
함께 누리는	Consors
함께 누림	Consortium
함께 달려가다	Concurro
함께 맹세(盟誓)하다	Conjuro
함께 맹세(盟誓)함	Conjuratio
함께 모임	Concursus
함께 범죄(犯罪)한 자(者)	Complex
함께 아는	Conscius
함께 아파하다	Condoleo
합(盒)	Pyxis, Theca
합당(合當)치 못한	Inhabilis
합당(合當)치 아니한	Dispar, Indignus

합당(合當)치 않게	Indigne
합당(合當)케 하다	Quadro
합당(合當)하게	Apte
합당(合當)하다	Congruo, Valeo
합당(合當)한	Aptus, Congruus, Consonus
합당(合當)함	Aptitudo
합류(合流)하다	Confluo
합수(合水)하는 곳	Confluens
합수(合水)하다	Confluo
합의(合意)하다	Complaceo
합의(合意)하지 않다	Displiceo
합(合)하게	Consentanee
합(合)하다	Adhaereo, Coaduno
합(合)하여	Consentanee, Uniter
합(合)한	Consentaneus
합(合)함	Additio, Cohaerentia, Consensus, Convenientia, Symphonia
항구(恒久)	Longanimitas
항구(恒久)치 않음	Instabilitas
항구(恒久)하다	Continuo, Persevero, Persisto
항구(恒久)한	Assiduus, Constans, Indeficiens, Longanimis, Stabilis
항구(恒久)함	Stabilitas
항덕(恒德)	Perseverantia
항복(降伏) 받다	Convinco, Subigo
항복(降伏)하다	Succumbo
항복(降伏)함	Deditio
항상(恒常)	Indesinenter, Jugiter, Perennitas, Perenniter, Semper
항상(恒常) 있게 하다	Perpetuo
항상(恒常) 있다	Persisto
항상(恒常)하는	Perpes
항상(恒常)한	Jugis

항심(恒心)	Constantia, Perseverantia
항심(恒心) 없는	Inconstans, Versatilis
항심(恒心) 없음	Inconstantia
항심(恒心) 없이	Inconstanter
항심(恒心) 있게	Perseveranter
항심(恒心) 있는	Firmus
항심(恒心)으로	Constanter
항아리	Cadus, Dolium, Hydria
해 [*年]	Annus
해 [*태양]	Sol
해(害)	Damnum, Injuria, Noxa, Pernicies, Praejudicium
해(害) 받는	Obnoxius
해(害) 받지 아니한	Innoxius
해(害) 아니 받은	Indemnis, Inoffensus
해(害) 아니 받음	Indemnitas
해가(害加)	Improperium
해가(害加)하다	Impropero
해골(骸骨)	Calvaria, Cerebrum, Os
해금(奚琴)장이	Fidicen
해당화(海棠花)	Rosa
해당화(海棠花)나무	Rosarium
해(害)로운	Damnosus, Exitiabilis, Exitiosus, Funestus, Infestus, Insalubris, Maleficus, Nocivus et Nocuus, Noxius, Perniciosus
해(害)로운 것	Noxia
해(害)로이	Infense, Perniciose
해(害)롭게	Infeste
해(害)롭게 하다	Damnum. Inferre damnum., Infenso, Infesto, Noceo, Officio
해(害)롭다	Obsum
해(害)롭지 아니하게	Innocue

해마다	Quotannis
해산(解産)	Enixus, Partus
해산(解産) 돕는 여인(女人)	Obstetrix
해산구원(解産救援)하다	Obstetrico
해산(解産)하다	Enitor, Pario
해산(解産)하려 하다	Parturio
해산(解産)함	Puerperium
해석(解釋)하다	Exprimo
해석(解釋)함	Expressio
해수(咳嗽)	Tussis
해수(咳嗽)나다	Tussio
해의(解義)하다	Interpretor
해의(解義)함	Interpretatio
해적(奚笛)	Fides
해적(海賊)	Pirata, Praedo
해적(奚笛) 켜는 자(者)	Fidicen
해태(懈怠)	Acedia, Desidia, Pigritas
해태(懈怠)한	Piger
해폐(害弊)	Improperium
해폐(害弊)하다	Impropero
해(害)하다	Injurior, Noceo, Praejudico
햇살	Radius
햇살 비추다	Radio
행기(行氣)하다	Convaleo
행담(行擔)	Arca
행동거지(行動擧止)	Gestus
행락(行樂)하다	Libidinor
행보(行步)	Gressus, Incessus, Passus
행세(行世)	Directio
행습(行習)	Consuetudo

행실(行實)	Vita
행악(行惡)질	Rapina
행악(行惡)하는 자(者)	Malefactor
행악(行惡)하다	Malefacio
행용(行用)	Praxis, Usus
행용(行用)으로	Usualiter
행용(行用)의	Usualis
행용(行用)하는	Practicus
행용(行用)하다	Usitor
행위(行爲)	Actio, Factum, Mores
행위(行爲)의	Moralis
행인(行人)	Viator
행장(行裝)	Sarcina
행전(行纏)	Ocrea
행(行)하는	Actualis
행(行)하다	Ago, Ambulo, Eo, Facio, Fungor
행(行)함	Actus, Gestio
향(香)	Aroma, Thus
향(香) 드리다	Incenso
향(香) 피우다	Incenso, Thurifico
향(香) 피움	Incensum
향(香) 피워 드리다	Thurifico
향기(香氣)롭다	Fragro
향(香)내	Fragrantia
향(香)내 나는 것	Odoramen, Odorifer
향(香)내 나는 나무	Nardus
향(香)내 나는 약(藥)	Aroma
향(香)내 나다	Fragro
향(香)든 기름	Unguentum
향(香)물	Aroma

향로(香爐)	Thuribulum
향로(香爐) 가진 자(者)	Thuriferarius
향료(香料)	Nardus
향망(嚮望)하다	Appeto
향방(向方) 있다	Adverto
향방(向方)하다	Appeto, Aspiro, Intendo, Peto, Vergo
향촌(鄉村)에 살다	Villico
향(向)하다	Vergo
향(向)하여	Adversus, Versus
향합(香盒)	Navicula
허기(虛飢)진	Famelicus
허기(虛飢)짐	Fames
허다(許多)한	Numerosus, Plurimus
허락(許諾)	Assensus, Permissum
허락(許諾) 아니함	Negatio
허락(許諾)지 아니하다	Nego, Renuo
허락(許諾)하다	Admitto, Annuo, Assentio, Concedo, Consentio, Innuo, Permitto, Polliceor, Promitto, Sino, Spondeo
허락(許諾)하여 주다	Exaudio
허락(許諾)한 것	Promissum
허락(許諾)한 자(者)	Promissor
허락(許諾)함	Assensus, Concessio, Cessio, Exauditio, Nutus, Permissio, Pollicitatio, Promissio, Repromissio
허랑(虛浪)한	Ineptus, Prodigus
허리	Lumbi, Renes
허리띠	Perizoma, Zona
허리뼈	Inguen
허물	Culpa, Delictum
허물하다	Culpo
허벅지	Femur
허비(虛費)	Dispendium, Impendium, Sumptus

허비(虛費) 많이 드는	Dispendiosus
허비(虛費)하다	Consumo, Dispendo, Erogo, Expendo, Expenso, Impendo, Insumo, Perdo, Sumptifacio
허비(虛費)함	Consumptio
허상(虛像)	Phantasma
허원(許願)	Votum
허원(許願)하다	Devoveo, Voveo
허원(許願)한	Votivus
허위	Eheu!, Heu!
허탄(虛誕)한	Futilis, Phantasticus
허파	Hepar
허풍선(噓風扇)	Ventilabrum
헌데	Vitiligo
헐다	Demolior, Destruo, Interimo, Pessumdo
헐떡이다	Anhelo
헐소청(歇所廳)	Atrium
헐(歇)하게	Laxe
헐(歇)하게 하다	Laxo
헐(歇)한	Laxus
헐(歇)함	Laxitas
험담(險談)	Detractio
험담(險談)하다	Detraho
험(險)하게 하다	Exaspero
험(險)한	Arduus, Scaber, Scabiosus
험(險)한 길	Callis
험(險)함	Asperitas, Scabies
험(險)히	Aspere
헛	Phantasticus
헛 맹세(盟誓)하다	Pejero
헛 이야기	Fabula
헛것	Phantasma, Spectrum

헛되게	Vane
헛되게 하다	Exinanio, Frustror, Inanio
헛되이	Inaniter
헛된	Frivolus, Inanis, Nugatorius, Vanus
헛된 것	Nugae
헛된 일하다	Nugor
헛됨	Futilitas, Inane, Inanitas, Vanitas
헛생각	Phantasia
헝클다	Implico
헤다	Calculo, Computo, Dinumero, Enumero, Imputo, Numero, Ratiocinor, Recenseo, Reputo, Supputo
헤아려	Considerate, Consulto
헤아리다	Aestimo, Appendo, Censeo, Deputo, Existimo
헤아림	Aestimatio, Consideratio, Enumeratio, Existimatio, Reputatio, Supputatio
헤엄	Natatio
헤엄하다	Nato, No
헤이	Vah!
헤지다	Exolesco
헤치다	Dirumpo *vel* Disrumpo
헴	Computatio, Enumeratio, Numeratio, Ratiocinatio
헹구다	No
혀	Lingua
혁파(革罷)하다	Supprimo
현기증(眩氣症)	Vertigo
현미(玄微)한	Subtilis, Subtilitas
현미(玄微)히	Subtiliter
현성용(顯聖容)	Transfiguratio
현양(顯揚)하다	Glorifico
혐의(嫌疑)	Simultas
협력(協力)하다	Concurro, Cooperor

협력(協力)함	Cooperatio
협로(夾路)	Trames
협로(峽路)	Callis
형(兄)	Natu. Natu major.
형벌(刑罰)	Cruciatus, Poena, Punitio, Supplicium, Tormentum
형벌(刑罰)하는 기계(機械)	Equuleus
형벌(刑罰)하다	Crucio, Torqueo
형상(形狀)	Materia
형상(形狀)있는	Materialis
형상(形像)하다	Imaginor
형세(形勢)	Fortuna
형용(形容) 나타내다	Transfiguro
형용(形容) 나타냄	Transfiguratio
형용(形容) 바꾸다	Transfiguro
형용(形容)하다	Figuro, Repraesento
형용(形容)함	Imaginatio, Repraesentatio
형제(兄弟)	Frater
형제(兄弟) 죽인 자(者)	Fratricida
형제(兄弟) 죽임	Fratricidium
형제(兄弟)의	Fraternus, Germanus
형제회(兄弟會)	Fraternitas
혜성(彗星)	Xiphias
호강(豪强)스러움	Fastus
호강(豪强)스럽게	Arroganter
호강(豪强)한	Arrogans
호강(豪强)함	Arrogantia
호되게	Impetuose
호된	Impetuosus
호됨	Impetus
호두	Nux

호두나무	Nux
호랑(虎狼)이	Tigris
호리다	Fascino
호림	Fascinatio
호미	Ligo
호변(好辯)하는	Eloquens
호변(好辯)히	Eloquenter
호수(湖水)	Stagnum
호수(護守)하는	Custos
호수(護守)하다	Custodio
호수천신(護守天神)	Angelus. Custos Angelus.
호숫(湖水)가	Palus
호시(好施)하는	Beneficus
호위(護衛)하는	Favorabilis
호위(護衛)하는 자(者)	Defensor
호위(護衛)하다	Defendo, Faveo, Prospero
호위(護衛)함	Defensio
호읍(號泣)함	Ululatus
호적(戶籍)	Census
호적(戶籍)하다	Censeo, Recenseo
호젓한	Solitarius
호초(胡椒)	Piper
호흡(呼吸)	Respiratio
혹	Gibbus
혹(或)	An, Aut, Quidam, Seu, Si, Sive, Ve, Vel
혹(或) 아니	Neu *seu* Neve
혹(或) 아니냐	An. An non.
혹(或) 어떤	Ullus
혹독(酷毒)하다	Saevio
혹독(酷毒)한	Saevus, Trux

혹독(酷毒)함	Truculentia
혹독(酷毒)히	Saeve
혹독(酷毒)히 하다	Desaevio
혹시(或是)	Sive
혹이 있는 사람	Gibberosus
혹쟁이	Gibberosus
혼(魂)난	Exanimis
혼(魂)내다	Exanimo
혼돈(混沌)	Chaos
혼란(昏亂)하게 하다	Turbo
혼란(昏亂)히	Turbide
혼미(昏迷)한	Exanimis
혼배(婚配)	Conjugium, Matrimonium, Nuptiae, Nuptus
혼배(婚配)시키다	Marito
혼배(婚配)의	Nuptialis
혼배(婚配)하다	Nubo
혼배(婚配)한 이	Nupta
혼배(婚配)할 만한	Nubilis
혼수(婚需) 분배(分配)하다	Doto
혼인(婚姻)	Conjugium, Matrimonium, Nuptiae
혼인(婚姻) 정(定)하다	Despondeo
혼인(婚姻) 폐백(幣帛)	Arrha
혼자	Solus
혼자되게 하다	Viduo
혼자된	Viduatus
혼자된 처지(處地)	Viduitas
혼자하는 말	Soliloquium
혼잡(混雜)하게	Turbate
혼잡(混雜)하다	Confundo
혼잡(混雜)함	Mixtio, Mixtura

혼잡(混雜)히	Permixte
혼채(婚債)	Dos
혼합(混合)하다	Commisceo
혼합(混合)함	Commistio *vel* Commixtio
홀로 있는	Solitarius
홀어미	Vidua
홀연(忽然)한	Repentinus, Subitaneus, Subitus
홀연(忽然)히	Continuo, Repente, Subito
홀연(忽然)히 오다	Supervenio
홍색(紅色)	Rubrica
홍수(洪水)	Diluvium
홍예(虹霓)	Arcus
홍의(紅衣)	Purpura
홍의주교(紅衣主教)	Cardinalis
홑	Simplex, Unicus
화공(畫工)	Pictor
화관(花冠)	Corona, Stemma
화관(花冠) 씌우다	Corono
화관(花冠)을 머리에 두다	Accommodo. Accommodare coronam ad caput.
화난	Infortunium
화랑이 재주 연습(練習)	Gymnasium
화려(華麗)한	Basilicus, Floridus, Magnificus
화로(火爐)	Foculus
화(禍)로다	Vae!
화목(和睦)	Concordia, Pax
화목(和睦)시키다	reconcilio
화목(和睦)시킴	Reconciliatio
화목(和睦)하는	Concors
화문석(花紋席)	Stroma, Tapes
화살	Sagitta, Telum

화살통(筒)	Pharetra
화약(火藥)	Pulvis. Pulvis bellicus.
화원(花園)	Hortus, Viretum
화인(火印) 자취	Stigma
화인(火印)치다	Inuro
화재(火災)	Incendium
화적(火賊)	Latro
화적(火賊)질하다	Latrocinor
화초(花草)	Flos
화초(花草)요	Tapes
화친(和親)	Contractus, Pax
화퇴(火腿)	Perna
화(化)하는 소리	Melos
화합(和合)하게 하다	Concilio
화합(和合)함	Harmonia
화해(和解)시키는 자(者)	Propitiator
화해(和解)치 못할	Implacabilis
화해(和解)케 하다	Placo
화해(和解)할 만한	Placabilis
환(患)	Exitium
환난(患難)	Calamitas, Miseria, Tribulatio
환난(患難)을 당하다	Accipio. Accipere calamitatem.
환도(環刀)	Gladius, Mucro, Rhomphaea
환란(患亂)	Acerbitas, Adversitas
환란(患亂)당할 때에	Acerbus. In rebus acerbis.
환부(鰥夫)	Caelebs
환자(宦者)	Eunuchus
환전상(換錢商)	Nummularius
환하게	Lucide
환한 빛 나타나다	Renideo

활	Arcus
활 쏘는 자(者)	Sagittarius
활 쏘다	Sagitto
활달(豁達)한	Generosus
황당(荒唐)하게	Fabulose
황률(黃栗)	Castanea
황새	Vipio
황소	Bos, Taurus
황전(皇殿)	Basilica
황제(皇帝)	Imperator
황후(皇后)	Imperatrix
해	Fax
햇불	Fax, Taeda
회(灰)	Calx
회(會)	Coetus, Communitas, Congregatio, Conventus, Ecclesia, Societas, Sodalitas
회(灰) 없이 싼 담	Maceria
회두(回頭)함	Conversio
회보(回報)함	Renuntiatio
회복(回復)하는 자(者)	Restitutor
회복(回復)하다	Recupero, Restituo
회복(回復)함	Recuperatio, Restitutio
회상(繪像)	Effigies
회오리바람	Turbo
회의(會議)	Synodus
회의(會議)의	Synodalis
회장(會長)	Catechista
획(劃)	Linea, Tractus
횡행(橫行)하다	Grassor
효도(孝道)하는	Pius
효성(孝誠)	Pietas

효성(孝誠)스레	Pie
효험(效驗)	Efficacia, Effectus, Fructus
효험(效驗) 없는	Inefficax
효험(效驗) 있는	Efficax
효험(效驗)답게	Efficaciter
후(後)	Posterior
후반주	Xenium
후번(後番)에	Alias
후손(後孫)	Posteritas
후(後)에	A. Secundus a rege. ,Dein, Olim, Post, Posterius, Postmodo, Quondam
후(後)에 오는	Subsequens
후(後)에 있을	Futurus
후(後)의	Posterus
후진(後進)	Posteritas
후(厚)하게 손 대접(待接)함	Hospitalitas
후(厚)하게 주는 자(者)	Largitor
후(厚)한	Largus, Munificus, Opimus
후(厚)함	Largitas, Munificentia
후(厚)히 주다	Largior
훈계(訓戒)	Rudimentum
훈수(訓手)	Consilium
훈수(訓手)하는 자(者)	Consiliarius
훈수(訓手)하다	Consilior
훈장(訓長)	Paedagogus
훗날	Cras
훼방(毁謗)	Detractio, Detrectatio
훼방(毁謗)하는	Maledicus
훼방(毁謗)하는 자(者)	Susurro
훼방(毁謗)하다	Detraho, Detrecto, Maledico, Obtrecto, Vellico
훼방(毁謗)함	Maledicentia

휘	Modius
휘(輝)	Candor
휘다	Curvo, Inflecto, Lento, Plecto
휘두르다	Gyro
휘어진	Curvus
휘장(揮帳)	Cortina
휘추리	Frutex, Propago, Surculus, Virga, Virgultum
휘파람	Sibilus
휘파람 불다	Sibilo
휘파람 붊	Sibilatio
휠	Plectilis
휠 만한	Vitilis
휨	Inflexio
흉	Defectus
흉년(凶年)	Fames
흉독(凶毒)한	Vipereus
흉물(凶物)	Monstrum
흉봄	Convicium
흉상(凶相)	Tetricitas
흉악(凶惡)	Acerbus, Crudelitas, Scelus, Violentia
흉악(凶惡)한	Atrox, Crudelis, Dirus, Horrificus, Pessimus, Violentus
흉악(凶惡)한 벌(罰)	Acerbus. Acerbissimae poenae.
흉악(凶惡)함	Atrocitas, Perversitas
흉악(凶惡)히	Atrociter, Crudeliter, Improbe, Nocenter, Sceleste, Truculenter
흉악(凶惡)히 핍박(逼迫)하다	Desaevio
흉(免)한	Fatalis
흉(凶)한	Ater, Funestus, Infandus, Infaustus, Nefastus, Trux
흐르게 하다	Labefacio
흐르는	Fluidus
흐르는 듯이	Profluenter

흐르는 물 밑	Alveus
흐르다	Defluo, Dilabor, Emano, Fluo, Illabor, Mano
흐를 만한	Liquidus
흐름	Decursus, Effusio, Fluxio, Fluxus, Profluvium
흐리게	Turbide
흐리다	Turbo
흐리지 아니한	Inturbidus
흐린	Turbidus
흑심(黑心)	Atritas, Atritudo
흔들다	Agito, Concutio, Excutio, Libro, Quasso, Quatio, Succutio, Vibro
흔들리다	Labasco, Vacillo
흔들림	Vacillatio
흔듦	Quassatio, Succussus
흔적(痕跡)	Stigma
흘기어	Torvum
흘긴	Torvus
흘김	Torvitas
흘러 넘음	Profluentia
흘러오다	Mano
흙	Humus, Terra
흙 바르다	Luto
흙가마	Furnus
흙덩이	Gleba
흙무덤	Tumulus
흙손	Trulla
흙에	Humi
흙에 묻다	Inhumo
흙으로 구운 돌	Later
흙으로 구워 만든	Testaceus
흙으로 한	Terreus

흙의	Terrenus, Terreus
흠(欠)	Vitium
흠(欠) 있게	Vitiose
흠(欠) 있는	Vitiosus
흠결(欠缺)	Defectus
흠숭(欽崇)하다	Adoro
흠숭(欽崇)함	Adoratio
흠(欠)지게 하다	Vitio
흥정하다	Cresco
흥정함	Mercor
흥(興)하다	Emptio
흩다	Conspergo, Dispergo, Dissipo, Spargo
흩어 다니다	Discurro
흩어 던지다	Disjicio
흩어 도망(逃亡)하다	Diffugio
흩어지다	Dilabor, Evanesco
흩어짐	Dispersio
희게	Candide
희게 하다	Candefacio, Dealbo
희광이	Carnifex
희다	Candeo, Caneo
희롱(戱弄)	Jocus, Ludus
희롱(戱弄) 좋아하는	Nugax
희롱(戱弄)으로	Jocose
희롱(戱弄)의	Nugatorius
희롱청(戱弄廳)	Scena
희롱(戱弄)하는	Jocosus
희롱(戱弄)하는 상(床)	Pulpitum
희롱(戱弄)하다	Jocor, Ludo, Nugor
희롱(戱弄)함	Jocatio

희미(稀微)하게	Confuse, Obscure
희미(稀微)한	Obscurus, Subobscurus
희미(稀微)함	Obscuritas
희생(犧牲)	Holocaustum, Hostia, Piaculum, Victima
희여지다	Albesco, Candesco, Canesco
희장(戲場)	Scena
흰	Albus, Candidus, Canus
흰 털	Cani
흼	Albitudo
히솝	Hyssopus
힐문(詰問)함	Inquisitio
힘	Robur, Validitas, Vigor, Violentia, Vires, Virtus, Vis
힘 믿다	Fido
힘 없는	Impos
힘대로 바삐	Quamprimum
힘들여 넣다	Inculco
힘센	Nervosus
힘써	Accurate
힘써 밟다	Inculco
힘써 일하다	Elaboro
힘써 하다	Navo, Satago
힘쓰는	Studiosus
힘쓰다	Certo, Conor, Contendo, Enitor, Intendo, Molior, Nitor, Studeo, Vaco
힘씀	Conamen, Enixus, Molimen, Nisus, Nixus,
힘을 믿다	Confido
힘있게	Nervose
힘줄	Nervus